日本教徒

——その開祖と現代知識人

イザヤ・ベンダサン
山本七平 訳編

角川oneテーマ21

目次

序にかえて――ハビヤンの思想

不干斎《ふかんさい》ハビヤン、この名はすでに忘れられた名であろう。

不明な点が多いが、彼の生涯については、本書の中で短く紹介したから、ここでは、本書の主題となっている彼の三著について、本文と多少重複する面も出るが予《あらかじ》め紹介し、なぜ私が「日本教」という主題において、特にこの三著を取り上げたかも、併せて記しておきたいと思う。

前記三著のほかにハビヤンは、『伊曾保《イソホ》物語』の編集にもたずさわっている。しかし著作といえるのは『ハビヤン版　平家物語』『妙貞問答《みょうていもんどう》』『破提宇子《はだいうす》』の三著だけである。このうちの『平家』は、彼の創作とはいえないかもしれぬが、本物の平家物語を素材として、その一部を、彼の観点に立って、全く別の文学形式に改めたものだから、やはり彼の創作と見た方がよい。そして次に記すように、この三著にはそれぞれ、非常に面白い特色がある。

まず『平家物語』だが、これは外国人パードレ〔神父〕の日本語および〝日本学〟の教科書として編纂《へんさん》したもの、従ってハビヤンはこの中で、「日本人とは何か」を改めて自らの手で自覚的に再把握し、外国人に理解できるように、平易に叙述しているわけである。いわば一種の

〝自画像〟であって、しかも提示すべき相手が空想の対象（そういう本ならこれ以前にあった）でなく、日本語教師として日々接している具体的対象だったことである。空想的対象ならそれは自画自讃で終りうる。しかし、日々日本人に接し、しかもこれから伝道しようというパードレに対しては、こうはいかない。それはあくまでも、相手が理解しうる形での具体的叙述であらねばならない。そういう点で本書は、日本人による日本人紹介の最初の本だといえる。

次に『妙貞問答』だが、これは日本人へキリシタンを伝道するための文書である。この中でハビヤンは、自らの立場に立って、まず神道・仏教・儒教を批判しかつ排撃している。従って、これは、既存の日本の宗教のすべてを批判したという点で、日本最初のものであり、それまでに存在した神道・仏教・儒教の相互批判とは本質的に異なり、脱既存宗教を説いている点に特色がある。もちろん彼は、それが終った後で、キリシタンについて説き、入信を勧めているが、ここで彼が説くキリシタンは、西欧のキリスト教とは違うものとなっている。

そして第三が『破提宇子』である。これは棄教後十五年を経て、おそらく彼の死の前年に書かれたものと思う。ある意味では彼の生涯の思想的決算であろう。この書は確かに排キリシタン文書の最高作といえる。それもそのはず、当時、キリシタンを知る日本人で、彼以上の人は考えられず、その彼の批判であるから、他の排キリシタン文書とは格が違う。だが一読すれば、だれでも奇妙なことに気づくであろう。

それは彼が、何教徒かわからぬということである。後述するように彼は仏僧としてその生涯をはじめた。そしてキリシタンに転向した。次にまた棄教したが、それはもちろん、彼の仏教への回帰を意味していない。では儒教の徒であろうか。確かに彼は、この時代の儒教学者としても最高の一人であったろう。それゆえ表現は儒教的でまた道教的な面もあると思われるけれども、儒教の宇宙論に従っているとは思えない。否、むしろそう言った面は西欧的（当時の考え方によればキリシタン的）と思える。その彼が、キリシタンを徹底的に排撃し、破文《はもん》〔論破する文〕を書いているわけである。

ここでわれわれは奇妙なことに気づく。というのは彼は、その生涯を通じて、神・儒・仏・基という、当時日本に存在した四大宗教（儒も宗教とすれば）をことごとく破したのだから、否応《いやおう》なく、脱宗教人と規定される存在になってしまうことである。となると、当然にだれにでも連想されよう――その脱宗教人的立場というのは、現在の日本の、無宗教的状態と関連があるのではないか、あるとすれば、ハビヤンの根底にあったものこそ、当時から現代に通ずる「日本教的立場」の基本ではないか、それはどのような思想なのか、と。

この点を究明する前にまず、ハビヤンの全く相反するように見える二著、『妙貞問答』と『破提宇子』を見てみよう。読めばだれでも気づくことがある。というのは彼の基本的立場は実は変わっておらず、同じことを表と裏から書いているにすぎないことを。それは、「自然《ナツウラ》の教へ」という彼の基本的思想であり、前著では、この教えに到達するに神・儒・仏は害があり、キリシタンのみが最良であると説く。そして後著では、キリシタンこそ最も害悪があると説いているにすぎないのである。彼にとっては、神・儒・仏・基いずれも、ある種の方法論にすぎない。そしてそれを破して行く過程は、いまの言葉でいえば驚くほど〝科学的〟であり、それは、本書でその引用を読まれた読者は一驚されることであろう。

結局彼、すなわちその時代最高の知識人である彼は、自らの思想に基づくある立場に立って、当時の日本の全宗教を「破す」結果となった。その生涯はいわば「破文」の生涯であり、彼の思想的表現は「破文」に表われている。従ってこの面では、自己を語るの際、常に、自己の思想にそぐわないものを破すという表現になっても、積極的に自らの思想を語るという形にはなっていない。彼は、いまの日本人同様、自己の思想を一種の消去法で語るという態度をとっている。だがこの点において興味深いのが彼の『平家物語』である。

この書の構成は、本来の『平家物語』を、それにくわしい者が、知らない者へ概説的に各章を語るという形式になっている。従ってもちろん『平家物語』のすべてではない。さらに本書では、そのすべてを引用したわけではない。簡単にいえば、彼が、パードレの日本理解に必要と思われる部分を抄出し、これを理解しやすい形に改めているわけである。

そういう目的だから、その目的にそって日本語・〝日本学〟教科書を編纂すれば、それは必然的にハビヤンの視点で見た日本なるものの紹介という形になってくる。そのためこの中で彼は、消去法ではなく逆に積極的に、自らの「ものの見方・考え方」とその基本にあるものを、『平家物語』に託して書き記す結果となった。これが、当時の日本における、きわめて珍しい一種の「日本人なるもののあり方の自己主張」を明確に表わす結果となっているのである。

従って、以上の三書の中心、いわば『妙貞問答』『破提宇子』における対象否定の論拠、『妙貞問答』のキリシタン解説の部分と『ハビヤン版　平家物語』での肯定的対象に対する肯定の論拠、この二つの論拠の基本にあるものが、ハビヤンの思想の基本であり、それから発して肯定否定の両面へと構成されていったのが、彼の思想そのものだといえる。従って本書は、前述三書を解説的に取り上げることにせず、以上の点からハビヤンの思想を明らかにすることを目的とした。

考えてみれば、『日本教について』を記したのはもう六年前である。当時、日本という天秤《てんびん》の世界において、この天秤を支えているのが「自然という概念」である旨を記した。では一体この「自然」という概念はどのような内容をもち、それがどのように日本人に一つの基礎を提供しているのであろうか、という疑問が当然に出るであろう。それを検討したのが本書である。『日本教について』は現代を扱ったものであり、それだけに読者にとって難解な面はなかったものと思う。本書も、その引用文が一六〇〇年ごろの普通の日本語だという点を除けば、多少の違和感はあっても、別にむずかしい内容ではあるまい。結局、いまの日本人もそれによって生きている一つの基準が、ただそのままに記されているだけである。

最後に一章、貝原益軒《かいばらえきけん》について記した。これは、ハビヤンのような考え方がどのように受けつがれ、それが徳川期を通じて一つの〝聖書〟のように、絶対の権威をもって教えられてきたかを示すためである。そしてこの思想はいまでも日本人の中に脈々と生きており、何かがあると表に出てくる。オイルショックのときも顔を出しているから、そのときの主張と本書との対比もまた、面白い問題を提供するであろう。

著　者

第一章　最初の日本教徒

FEIQE・monogatari・日本語教科書

ハビヤンの『キリシタン版　平家物語』といっても、知る人は少ないであろうし、興味をもつ人はさらに少ないであろう。また本書を『平家物語』の刊本の一異本として扱うことに異論をとなえる人もいるであろう。さらに文学としてこれを見るならば、無価値と判定する人がいても不思議ではない。第一、読んでも少しも面白くなく、何の感銘もうけない。従って、こういう本を作ることは「平家物語の冒瀆《ぼうとく》」だと、言う人もいるかも知れない。だがこういう批評は、おそらくハビヤンにとっては何の意味ももたないであろう。彼は、そういう批評を予期して、まえがきの最後に「伏してこふ、博雅の君子これを読んで、情深《ふこ》うして才の短きを嘲哢《ちようろう》することなかれ。時に御出世《ごしゆつせ》1592. Dezembro. 10. 不干《ふかん》 Fabian 謹しんで書《しよ》す」と記しているからである。彼ははじめからこの本を日本人に読んでもらうつもりはなく、まして「博雅の君子」の批判などは、問題外であった。

本書の正確な書名は『日本のことばとHistoriaを習ひ知らんと欲する人のために世話《せわ》にやはらげたる平家の物語』である。対象はあくまでも「外人」であり、編纂《へんさん》のねらいは一言にしていえば、「日本の故事を主題とした日本語教科書・日本学入門書」であろう。従って本書は、日本人が外国人に、「日本語および日本」を教えるため編纂した教科書の「現存する最古の完本」であるといえる。だがこの場合「生徒」はパードレでいわば彼の上長であり、従って編纂方針が非常に強く「生徒の意向」で左右されたことは当然である。本書が「世話にやはらげたる」形――喜一検校《きいちけんぎよう》という架空の語り手が、『平家物語』をダイジェストして、右馬之允《うまのじよう》という架空の聞き手に語る、という形式にしたのはパードレの意向で、ハビヤンの意志でなかったことを、彼は序文に記している。

いわば、語り言葉で、民衆に説教し伝道する形にしたわけだが、これは、本書の目的から言って当然のことであろう。このことは、本書が、当時のパードレの「伝道用語り言葉」で記されているということだが、面白いことに結局それが、本書がパードレに「平家物語を伝道用語り言葉」で語るという結果になっていること、いわば「日本」をパードレに伝道するという形になってしまっていることである。だが、それをするにはまず彼ハビヤンが「日本」を自らのうちに客体化し、パードレが理解できると彼が考えた形にしなければならない。それは具体的には『平家物語』をある方向へと曲げて行き、「彼がパードレの世界と考えた世界」との接点を求めねばならぬことである。おそらく当時の日本で、こういう意識をもたねばならなかったのは、「生徒」が上長である彼ハビヤンだけだったかも知れない。パードレ自身はそういう意識をもつ必要はない。また善男善女もそういう意識は必要であるまい。

この問題がまず序文に出てくる。もっとも序文の前に天草《あまくさ》コレジョ〔神学院、大学〕の「刊行の辞」があるが、これは紹介の必要はあるまい。少し長いが序文『読誦《どくじゆ》の人に対して書す』

の一部を次に紹介する。

「それ IESVS《ゼズス》 の Companhia《コンパニヤ》〔イエズス会〕の Padre《パアデレ》〔神父〕Irmam《イルマン》〔修道者〕故郷を去つて蒼波万里《さうはばんり》を遠しとし給はず、茫《ばう》々たる巨海《こかい》に船渡りして粟散《ぞくさん》辺地の扶桑《ふさう》〔日本〕にあとをとどめ、天の御法《みのり》をひろめ、迷へる衆生《しゆじやう》を導かんと精誠《せいぜい》をぬきんで給ふことここに切《せつ》なり。予もまた造悪《ぞうあく》不善の身にして、いささかもつて功力《くりき》なしといへども、この人々を師とし、そのしりへに従ひ、願ひを同じうす。……師ここにおいて予に示し給ふは、……われらこの国にきたつて、天の御法を説かんとするには、この国の風俗を知り、またことばを達すべきこと専《もつぱ》らなり。かるがゆゑにこの両条の助けとなるべき日域《じちゐき》〔日本〕の書をわが国の文字《もんじ》にうつし、梓《し》に鏤《ちりば》めん〔出版せん〕とす。汝その書を選んでこれを編《あ》めと。われもとより巧み浅うして、才短し……(されど)……是非を論ぜず、貴命に従ふものなり。しかればことばを学びがてらに日域の往《おう》時《じ》をとむらふべき書これ多しといへども……平家物語にしくはあらじと思ひ、これを選んで書《しよ》写《じや》せんと欲するに臨んで……」と記されている。すなわち『平家物語』を選択したのはハビヤン自身である。

だが「……またわが師のたまふは、今この平家をば書物のごとくにせず、両人相対《りやうにんあいたい》して雑談《ざふたん》をなすがごとく、……せよとなり、そのゆゑをたづぬれば、……今このことばを学ばんと自他企《くはた》つること全くもつて別の儀にあらず、貴《たつと》きおん主《あるじ》 Iesv Christo《ゼズスキリシト》 の Euangelho《えわんぜりよ》〔福音〕の御法をひろめんためなれば、この志願のたよりとならざることをばみなもつて除かずんばあるべからずとの儀なり」と、これがパードレ〔神父〕すなわち彼の「生徒」の意向であった。

これより見ると、彼ハビヤンは最初は、『平家物語』の、おそらくは抜粋を、単に機械的にローマ字に翻字するだけのつもりでいたらしい。だが「御法をひろめん」すなわち伝道の「志願のたより」にならないことは全部除いてしまえとなると、これは全く新しい観点から『平家物語』を編纂《へんさん》しなおすということになる。パードレがこの問題をどう考えていたか明らかでないが、ハビヤン自身は、この二つの作業が全く別であることを、よく知っていた。ある観点から一書を編纂しなおし、しかもその内容を、ある読者に適合するように改変するという作業は、一面、新しい著作と同じである。『聖書』から児童向け『聖書物語』を創作するように、彼は『平家物語』からパードレ向け『平家物語物語』を創作することになったわけである。

「これは大仕事になった。大変な役を仰せつかったものだ」というのが、彼の、いつわらぬ心境であったろう。そこでよくよく考えた結果「……予退《しりぞ》いて愚案を加ふるに、このことまことにそのいはれなきにあらず、一々もつてみなしかなり」という結論になった。「よつて右の志願のあてどころに応じ」それ以外は全く念頭におかず、ただただ「師の命に従つて」「嘲《あざけ》りを万民の指頭《しとう》に受けんこと」は覚悟の上で、本書を編述したわけである。従って「……嘲弄することなかれ」と彼は記したわけである。

もちろん、この『キリシタン版　平家物語』には、『平家物語』の全文が集録されているのではない。しかし、この全四巻六十三章は、忠盛《ただもり》からはじめて清盛《きよもり》の栄華、木曽《きそ》殿の入京、都落ち、範頼《のりより》・義経《よしつね》の入京、平家の滅亡、義経の都落ち、大原御幸《おはらごこう》、平家断絶のすべてが、抄録ながら収載されている。これはどうみても簡単な作業とはいえない。一体ハビヤンはこれに何年かかったであろう。いや一体全体、ハビヤンとはいかなる人であろうか――それは次に述べるとして、

まず第一巻の第一ページの一部を活字に転写して、その作業と労苦のあとをしのんでみよう。

ハビヤンという人

ハビヤンといってももちろん日本人であって、不干斎巴鼻庵《ふかんさい》と記している場合もある。その生涯については詳しいことはわかっていないが、生れは一五六五年（?）、最初禅門に入り、十九歳でキリシタンに改宗し、キリスト教名をハビヤンと言った。それ以前はウンキョ（雲居?）と名乗っていたらしい。おそらくまれに見る秀才で、大阪のセミナリヨ〔中級の神学校〕から長崎コレジヨ〔上級の神学院〕に移り、二十五、六歳ですでに天草コレジヨの日本語教師であったと思われる。というのはこの『平家物語』の序文の日付は一五九二年、彼が二十八歳のときだからである。その後約十年間、おそらく天草コレジヨの日本語教師をつとめつつ、この『平家物語』の改訂もしたであろう。その後故郷に近い京都に戻り、一六〇五年に伝道文書『妙貞問答』を著し、一六〇六年六月十五日に友人（?）の俳人松永貞徳《ていとく》の紹介で、共に訪ね

て来た林羅山《らざん》およびその弟の信澄《のぶずみ》と論争したことが『排耶蘇《はいやそ》』に見られる。ところが、その後間もなく棄教したらしい。というのは一六二〇年に彼が記した反キリシタン文書『破提宇子《はだいうす》』には棄教後「十有五年」と記されているから、この記述に誤りがなければ、羅山たちと論争したその年のうちに棄教したことになるからである。この年数は「約十五年」かも知れぬが、いずれにせよその年か翌年であろう。ということはこの『排耶蘇』に記されている彼の姿は、棄教直前ということになる。確かに、彼は相当に悪意をもって描かれている。しかし、それを割引いてもなお、彼の応答はまことに消極的で、到底、伝道しようという意欲は見られず、内心は空白で全く自信も熱意も見られず、異常な不安から徒《いたず》らに苛立《いらだ》っているように見える。当時はまだ「迫害の時代」ではなく、彼自身は生涯「迫害」を体験していない。従ってこの苛立ちはあくまでも彼の内心の問題であると思われる。もっとも羅山の質問も相当に意地が悪い。彼は、キリシタン排撃には、どの点をついて行けば最も有効か、よく知っていたものと思われる。次にその要旨を紹介しよう。

羅山・信澄・貞徳がハビヤンの部屋に招じられ、時候の挨拶《あいさつ》をすますと、羅山はまずそこにある徒斯《デイス》の画像について質問した。徒斯像とはおそらくキリスト像であろう。ところがハビヤンはまことに要領を得ない返答しかしない。「けだし浅近（浅薄卑近）を恐れてこれを言はず」と記されている。キリスト像〔談〕から〔始めれば〕当然「神の子」「処女降誕」へと話が進む。ハビヤンはそれを避けるため、返事ならぬ返事をしたものと思われる。話はついで地球図に移る。ここでハビヤンは積極的に地球の円いことを論じ、二人は中国の「朱子のいわゆる天半地《てんはん》下を繞《めぐ》る」で反論する。この議論は双方納得せずに打切りとなるが、現代の基準からすればもちろんハビヤンの方が正しい。

ついで三人はプリズムを見つける。羅山は『礼記《らいき》』の「奇技奇器を作り、以て衆を疑はしむるものは殺す」という句を思い出して、このような器物はよろしくないと考える。次にハビヤンに『妙貞問答』を読まし、まことに下らぬものだが、愚かな凡人どもはこれに欺かれるであろう、焼いた方がよい、そうしないで「もし存せばすなはち後世千歳《せんざい》の笑ひを遺《のこ》さん」と羅山は考える。

ここでまた問答にもどり羅山が「利瑪竇《りまとう》（マテオ＝リッチ〈中国天主教の基を築いたイタリアのイエズス会士〉）が〝天地、鬼神及び人の霊魂、始めあり終りなし〟といったが、私はそれを信じない。始めがあれば終りはある。始めもなく終りもないのなら、これまたよい。始めがあって終りがないことはありえない。しかし、こういうことがありうると証明できるのか」と問うた。そして「干《かん》（ハビヤン）答ふること能《あた》はず」と。こういった問答がつづく。

しばらくして羅山がちょっと座を立った。ちょうどそのとき急に豪雨と雷がきた。ハビヤンはいらいらして「儒者のいわゆる太極（万物の根源）は天主に及ばない。天主はお前たちのような弱輩には理解できない。太極のことなら私はよく知っている」と言った。すると信澄が答えて「そういう言いすては高慢ではないか。お前こそ太極がわかっていない」というと、ハビヤンむっと怒って口をとじた。そこへ羅山が帰ってきた。彼は、およそ「義」「理」を口にするときは、あちらに益がなければ、必ずこちらに益がある、だがもし徒《いたず》らに議論に勝つことを争うときは、「忿怒《ふんぬ》の色、嫉妬の気、面《おも》に見ゆ。これ心術を害するの一端なり」といって彼をたしなめた。ちょうど雨があがったので、一同、帰ることとなった。ハビヤンは鄭重《ていちょう》に三人を送り出した、と記されている。

以上の記述は、もちろん潤色はあるであろう。しかし、大いに議論し、三人は三人ともハビヤンを「敵ながらあっぱれ」と感じ、同時にキリシタンに対して一種の恐怖を抱いたという印象は全くない。いまこの状態を見ると不思議に思う人もいるかも知れぬが、当時の日本では、キリスト教より儒教の方が、正確にいえば朱子学の方が、少なくとも一般人にとっては、実は、新思想だったのである。羅山は、この新思想をもって、自信たっぷりとハビヤンに対している。ハビヤンはこれに対して、正面から対決しようとしていない。確かにこれは棄教の近きを思わせる状態であろう。

彼の棄教の原因はいろいろに臆測《おくそく》されている。キリシタンは「迫害」によって日本から消えたと主張する人にとっては、彼は少々こまった存在だからであろう。従って、この日本における最も卓越したキリシタン理論家（?）の一人であった彼は、黙殺あるいは矮小化《わいしょうか》を免れなかった。しかし彼が、迫害の近きを予想して先に逃げ出したという説も、余り有能でなく人格識見も劣る外国人のパードレが、外国人であるがゆえにいつまでも自分の上にいて、自分は一向に「昇進」しないことを不満としたという説も、すべて根拠うすき推測にすぎず、おそらく事実の核心ではあるまい。何らかの不満があってとび出したのならすぐ「非難文書」でも書くのが普通であって、十五年の沈黙は理解できない。また迫害もないのにその予測で逃げ出すくらいなら、いわゆる「二十六人の殉教者」のとき逃げ出すはずである。このとき彼は三十二歳、おそらく天草コレジョで日本語教師をしていた時代である。徳川幕府によるキリシタン禁制は一六一四年、これは彼の棄教の八年後にあたり、しかも実際にはすぐさま発効したわけではない。島原の乱は一六三七年である。また実際の殉教者数は、ラウレス神父による教会側の調査結果の四千四十五人が、いわば鎖国までの全年月を通ずるほぼ正確な実数であろう。従って彼が一六三〇年以降を予見して棄教したなどとは到底信じられず、この推定は無理である。

さらにいずれの宗教・宗派にも狂信徒も熱狂派もいる。高名なハビヤンの棄教は、この人びとにとっては、全く許すべからざる裏切りであっても不思議ではない。ある宗教団体の棄教者へのリンチは、今日ですらなお日本の新聞に報ぜられている。まして、キリシタンといっても、当時の人びと特に武士たちにとっては、彼は、問答無用、斬って捨てても当然の存在であったろう。彼の後年の反キリシタン文書『破提宇子』の末尾には次のように記されている。

以上のように提宇子《だいうす》の宗旨を裸にすれば、あの宗徒のうらみは、さぞ深いであろうという問いに対して、彼は、次のように答えている。

おっしゃる通り、それは御推察の通りである。はじめてキリシタンの寺を退いたころは、彼らと道でばったりと顔を合わすのも何となく思慮のないことと思い、キリシタンのいない所へ移ろうと奈良へ来たのだが、そのころは大久保石見《いわみ》があの地の代官で、その手代《てだい》にキリシタンの者がおり、バテレンたちが彼に手をまわして闇打《やみうち》させようと言っていると、告げてくれた者がいた。そこで、「危邦不居《きほうふきょ》」〔危邦には居《お》らず〕と論語にも申すし、まして自分が危いならば身を退くことが良策だと思って、木津川《きづがわ》より舟に乗り、枚方《ひらかた》の上、中宮というところに行き、しばらくそこに隠れていた。その後もねらわれているという噂はきいたが、「サスガ治マル御《ミ》代《ヨ》ニハ、猥《ミダリ》ニ宿意モ遂《ト》ゲ難《ガタ》キニヤ、サル事モ候ハズ」と。

これは彼の被害妄想かも知れぬ。しかし彼は主観的には身の危険を感じていたわけで、当時の時点では、キリシタンの中にとどまっていた方が、安全だったはずである。従って迫害を予見して身の安全のため棄教したとは、根拠なき臆説であろう。

次に「出世できない不満」説だが、この見方はさらにおかしい。彼がキリシタンに改宗したのは十九歳だが、当時の十九歳は「青少年」ではない。また棄教は四十一、二歳と思われるが、当時は「人生わずか五十年」が実感されていた時代である。もし彼が何らかの「出世」を望んでいたなら、四十一、二歳で全く新しい第一歩を踏み出すことはなく、また単なる不満よりする裏切りなら今までの経歴を逆に活用したであろう。しかしそういう形跡は見られない。また時代はそういった活動をまだ要請していない。従って彼の棄教を、このような面に求めることは、どの方面から見ても無理があるといわねばならない。

従って私は前述の『破提宇子』の序文が、最も端的に彼自らを語っていると思う。彼は自分をいつわることが出来ない性格で、常にはっきりと自らの意志で転向した人であろう。彼は、内心釈然としないのに、惰性で、また周囲や自己の環境を考慮してそれまでの状態を何となくつづけて行けるタイプの人間ではなかった。彼は、「日本人キリシタン最高の知識人」であり天草コレジョの「教授」であり、羅山が訪ねてくる「名士」であり、伝道文書の「著作家」である。通常は、こうなれば、その組織内にまたその社会的位置に安住するのが普通の人間である。彼はそれをしなかっただけであり、かつて禅僧からキリシタンのイルマンに転じたように、今度は、キリシタンから「何か」に転じたはずである。次にその序文の一部を紹介しよう。

彼はまず最初に、キリシタンに対して、なぜ仏教や神道の側から、反論・排斥が起らないかをのべている。それは、知らないからで、「仏家《ぶっけ》にこれを聞かざれば、かの宗を抵排（排斥）するに及ばず。神官これを知らざれば、かの徒を攘斥《じょうせき》することを得ず」であると。これは事実であって、いわゆる「排キリシタン文書」を見て何よりも驚くことは、当時の仏教・神道側が、切支丹なるものの本質を何一つ知らない、という事実である。もっともこれと非常によく似た状態は明治の排外文書や昭和初期の排米文書、現代の新聞の論説等にも見られるが、ハビヤンから見れば、そういった種類の排撃は全く無駄かつこっけいで、そのゆえに「邪説日《ひび》に起り、無道《ぶとう》月《つきづき》盛んなること年久《とし》し」なのである。ところが彼ハビヤンはそうではない。「予、早歳《そうせい》において、かの門中に在つて勤学練修《れんしゅ》」したのである。そして自分が愚かであったので、すぐにこれが「奸邪《かんじゃ》の法」であることをさとりえず、二十余年を、むなしくその中で送ったというわけである。

だが、ついにさとるところがあった。「一旦豁然《いったんかつぜん》として識得《しきとく》するに、言《こと》を巧みにして理に近づけ、教ゆるに真鮮《すくな》し。しかうしてかの徒を出づるなり。これより以還《このかた》、今に至つて十有五年、旦《あした》には大聖《たいしょう》の正法《しょうぼう》に背くことを悲しみ、夕には蛮夷《ばんい》の曲説に随ふことを歎くと雖《いえど》も、労して功なきのみ」と。これは、必ずしも大仰な表現ではあるまい。だが、そう考えるとこのハビヤンという人は、相当に執拗《しつよう》な人物である。何しろ彼が棄教をしたのはすでに十五年の昔である。「思い出は苦難をもたのしくする」なら、普通の人間は、十五年から三十五年の昔のことは、ある程度は、「楽しげ」に思い出すはずである。もっともこの執拗さがなければ、あのような形の『平家物語』は論述できなかったであろうが——しかし彼自身は、今はただこの過去を悲しむだけで、何をする意欲もない。あるのは、人生を無駄にしたという実感だけであろう。ところが彼の親友が言った。論語には、過《あやま》っては則ち改むるに憚《はばか》ることなかれとある、これは孔門の生きた金言である、お前が以前に学んだ提宇子《だいうす》の邪法、これを書き記し、それを論破すれば、「あにただ破邪顕正《けんしょう》の功能《くのう》のみならんや、またこれ新《しん》を知るの筌蹄《せんてい》（手引）とする者なり」と。

ハビヤンはこれを承諾し、適任かどうかわからぬが、絶対にやろうと決心した。そして出来あがったのが『破提宇子』で「……かの所説の要節を集めて、繁文《はんもん》を去つて、その約《つづまやか》なることを致す。且《かつ》は破文《はもん》（論破する文）を加へて」一書にしたわけであった。この序文の日付が元《げん》和《な》六年すなわち一六二〇年である。

その後のハビヤンについては明らかでない。ただ教会側に、翌二一年に、長崎で瀕死《ひんし》の病床にあったという記録があるという。おそらく臨終の回心と復帰を期待して、だれかが病床を訪れたのであろう。しかしそれ以上の記録がないことは、彼が、最後までキリシタンを拒否して、短時日のうちにこの世を去ったものと思われる。ではこの棄教後の十六年間の彼を、何と定義すべきであろう。彼は最初禅僧であった、ついでキリシタンのイルマンになった、そして棄教した、では自動的に禅僧にもどったのか、もちろんそうではない。彼は『破提宇子』の序の終りに、俗界の野人、好菴《こうあん》と記していて、いかなる意味でも「宗教人」でないことを明らかにしている。そして親友の言葉は彼を「孔門」の一員と規定しているかに見え、また「大聖の正法」という言葉の「大聖」を孔子と解するなら、彼は儒者ということになるであろう。だが実際は、そうでない。なぜそういえるか。彼は明らかに儒者の宇宙論を採っていないからである。

彼には一つの確固たる基準がある。彼はこの基準に基づいて、脱仏教的『平家物語』を編述する。そして仏教のうち自分の基準に合うものは保持したままでキリシタンになっている。そして伝道文書を書く。キリスト教のうち、自分のその基準に合うものは採用し、基準に合わないものは、実は、はじめから拒否しているから伝道文書では触れていない。ついにキリシタンを離れて儒者らしきものになる。しかし儒教のうち、自分の基準に合わぬものは排除している。

そして「排キリシタン文書」を書く。しかし、儒者らしくなっても、実は自分がキリシタンから採用している部分はそのままに保持し、排キリシタン文書の中でそれに触れない。結局は生涯、何らかの内的基準を保持しつづけていたのである。もちろんその基準は常に同一だったわけではあるまいし、生まれながらにしてもっていたわけではあるまい。いつ、どのようにして彼は、その基準を自らのうちに確立しかつ自ら確認したのか。おそらくそれは平家物語の編纂によってである。

「日本教徒」が寓意《ぐうい》でなく「実在」することは、彼が証明している。何ものにも動かされない独特の「世界」を自らのうちにもった一人物が、ここにいる。だが彼はその世界を一度も積極的に提示せず、いわば「消去法」で提示しているのである。そしてこの提示の仕方も、今の日本教徒と同じである。ハビヤンは、私に「日本教徒」という言葉を造語させた一人であり、そしておそらく現代の日本人の祖型であると私は見る。だがここで、一応、彼が生きた時代を瞥《べっ》見《けん》しておこう。

ハビヤンの生涯とその時代

彼が生れた一五六五年はザビエル来日の十六年後、バルタザール＝ガゴ、コスメ＝デ＝トルレス、ガスパル＝ビレラ等がすでに活動していた。キリシタンはすでに一勢力であり、彼が生れた年にビレラとフロイスは京都から追放されたが、彼が五歳のとき（一五六九）フロイスは織田信長により京都在住を許可されている。以後一五八一年までは、少なくとも京都付近では、キリシタン興隆・仏教受難の歳月であったともいえる。少年ハビヤンが寺にやられたのが八歳と仮定するなら、彼はまさに仏教受難時代を仏僧として送ったことになる。七〇年から八〇年まで、実に十年の長きにわたって信長と本願寺光佐《こうさ》の戦いがつづく。また伊勢《いせ》長島の一向一揆《いっこういっき》への弾圧、延暦寺《えんりゃくじ》攻撃堂塔破壊、高野聖《こうやひじり》千人の斬首《ざんしゅ》等が起る。一方、キリシタン側ではオルガンチノは安土《あづち》に教会堂を建て、ヴァリニャーノは学校建築を許可される。だが一五八二年、本能寺の変とともに情勢は一変したかに見えた。そしてハビヤンが入信して四年目、一五八七年に秀吉によってキリシタン布教禁止令が出され、八八年には長崎からキリシタンが追放され、八九年には京都の教会堂が焼き払われ、宣教師は逮捕されて長崎に送られ、九一年に、ポルトガル＝インド総督にキリシタン禁止が通告された。そして九六年「二十六人の殉教者」が長崎に磔刑《たっけい》にされた。そしてこれが、前述のように彼が三十二歳のころであったと思われる。何やら彼の入信とともに仏教徒から暗い影がきえ、キリシタンに暗い影がさしはじめたように見えるが、この年以降は、実際には、ほぼ安穏な日々であった。もっとも前記の諸事件さえ、実際には彼には影響なかったものと思われる。というのは秀吉の処置はあくまでも政治的すなわち「対諸侯・対宗団的政治勢力」であっても、対庶民ではなかったからである。庶民が何を信仰しようと彼は問題にしなかった。従って自由であった。これは「伴天連《バテレン》門徒之儀者《は》其者《そのもの》之心次第たるべき事」（天正十五年〈一五八七〉六月十八日付覚書第一条）に示されている。ましてそれ以降は、当時の為政者に、実際には、庶民の信仰に容喙《ようかい》する余裕があったとは思われない。

というのは九七年に朝鮮再出兵、九八年に秀吉の死、朝鮮からの撤兵、九九年いっぱいが諸将の勢力争いで一六〇〇年が関ヶ原の戦い、翌一六〇一年は家康の政権樹立期となる。家康は最初は諸外国との修好政策をとり、ハビヤン棄教の一六〇六年ごろは、キリシタン禁止とは逆の予測さえ立てられたのでないかと思われる。

すなわち一六〇五年には朝鮮と修好講和、七年には朝鮮国使の来日、八年にはフィリピン長官デ゠ビベロが書簡で浦賀への商船派遣を約束して同時にイスパニア人の保護と布教の許可を求め、九年には幕府によりビベロにメキシコ貿易と鉱山技師の招聘《しょうへい》が依頼され、またイスパニア王には書簡を送って貿易の保護を約束し、一〇年にはビベロが三浦按針《あんじん》建造の船を与えられてメキシコに向い、一一年にはメキシコ総督の使節ビスカイノが家康・秀忠《ひでただ》と会見して沿岸測量と貿易の許可を求め、またポルトガル使節ソトマイオールが家康と会見して貿易再開を求めて許可されている。事態が一変したのは一二年からで、それまでは家康の方も対外通商交易に対していわば積極的姿勢であって、これは当然に彼のキリシタン政策にも反映していた。これは、ハビヤンの棄教の十年前から棄教の六年後までで、合計約十六年間は、キリシタンは名実ともに安穏な状態にあったことを示している。一二年、キリシタン禁令が出て京都の教会堂が破壊され、一四年に高山右近《うこん》ら百四十八人のキリシタンがマニラとマカオに追放された。しかし当時の人びとは、一五年の豊臣家滅亡までは、必ずしも、徳川幕府を永久政権とは考えていなかった。

ハビヤンの、三十歳ごろまでの時代は、少なくとも庶民に関する限り、非常に〝自由〟な一面をもつ時代であった。もちろん、この自由とは、餓死する自由、掠奪《りゃくだつ》される自由、乞食《こじき》になる自由も含めた状態、いわばすべてが「その者の心次第たるべき事」として、打ち棄てられていた時代であり、特に京都は、一種の真空地帯として、この状態が強かったと思われる。打ち続く戦乱と無秩序は、逆に、浄土宗的な現世否定・絶対信仰を一つの現世の秩序と化し、それを組織化した本願寺は大きな政治勢力となり門徒を動員して一向一揆を起す「領主」たりうる状態を現出したが、それは、組織としてはおのずから崩壊すべき自己矛盾を含んでいた。禅宗は武士に大きな影響を与えていたとはいえ、五山は幕府に保護された一種の官学となり、民衆への感化力は失っていた。そして大寺院は、実質的には諸侯にすぎなかった。キリシタンはそこへ入ってきた。といっても当時の日本人は、絶対に、明治の日本人のように西欧を「学ぶべき先進国」乃至《ないし》は「絶対の師表」とは考えなかった。儒学は、五山の僧によって日本に紹介されていたとはいえ、その影響力は到底まだ民衆には及ばなかった。天皇は、民衆はその存在さえ知らず、もちろん民衆への影響力はなかった。そして民衆は、多くの時代には、ただ黙々と伝統と社会的慣習を絶対的規範にして生きてきたのだが、この時代には、それが完全に消えていた。『応仁記《おうにんき》』はその状態をよく記している。私が〝自由〟な一面といったのは、以上の意味である。

ハビヤンの生涯とは、外面的には、それが一つ一つと順次秩序化されていく時代であった。彼の生涯を仏教→キリシタン→儒学と見るなら、それはそのままその時代の推移を象徴していたといえる。そしてそれが、何となく彼が敏感に時代を先取りして、巧みに転向し、そして転向した先ですぐ頭角を現わす「秀才」のような印象を与えるのであろう。だが仔細《しさい》に見ていけば、彼は、脱『平家』＝脱仏教以降は、キリシタンであったことも、儒者であったことも、絶えて一度もなく、彼には別の基準があり、彼は常にその基準を保持して、仏教・キリスト教・儒教から絶えず影響をうけながら、実はそれぞれを部分的に取捨選択していたことに気づくであろう。

ではここで、ハビヤン編『キリシタン版　平家物語』を『平家物語』との対比を念頭におきつつ抄出し、同時に彼自身の著作をも参照しながら、彼のその「基準」すなわち一種の「無意識の前提」を探って行くことにしよう。

第二章　破《は》文《もん》の思想

最初の知識人＝文化人

一つの伝統的文化が他文化に接したとき、ほぼ共通した型の現象が起る。これを一応「グノーシス現象」と呼んでおこう。グノーシス主義は、キリスト教史において「異端」の代名詞に使われるほど強く排撃されたが、さて、世界史においてキリシタンと最もよく似たものを探していくと、実はグノーシス主義なのである。ではグノーシス現象とは何か。グノーシスとは元来は「知識」「認識」の意味で、この場合は、自己の伝統的な思想を「輸入の思想・宗教」に仮託して客体化し、それによって「知識」として再認識し理解しなおす現象、ともいえよう。そしてこういう現象を起すという点では、もちろん、日本人も例外ではない。例外といえる点があるならば、通常この現象は最終的には相互作用になり、例えば、キリシタン思想が遂《つい》にローマ・カトリック自体に強い影響を与え始めるという形になっていくので、異端として排撃され、激烈な闘争を起すという経過をたどるわけだが、日本教は常にこの現象を起さないという点である。この理由は単に地理的なものだけでなく、前回も記したように、「この思想のこの部分は受け入れられない」という形の、一種の消去法による自己の思想の表明に終り、それ以上は要請されないからでもあろう。そして実はこれが、グノーシス現象の初期の特徴の一つであり、後述するように、ハビヤンにはそれが実に明確に出ている。こういう人こそ知識人の名にふさわしいであろう。

かつて地中海周辺と中国周辺で見られたこの現象は、今や世界的となった。「神々の旅」といわれたかつての現象は、今や「イデオロギーの世界旅行」という形になっている。そしてかつての宗教混交《シンクレティズム》とよく似た思想混交ともいうべき現象を起している。言うまでもなく、自由主義もマルクシズムも、本質的には西欧の歴史から切り離すことはできないはずだが、これが「ひとり歩き」をはじめている。そしてこういう現象の最も原初的な姿が前述の「神々の旅」であった。古くはヘブライ人のアドナイ〔主〕がギリシアに移住してアドニスになり、近くはヨーロッパのデウス〔神〕が日本に移住して提宇子《だいうす》となったわけだが、その間、この現象が最大規模で起った時期といえば、地中海周辺ではローマの帝政初期であろう。移住した神々はすぐに変貌《へんぼう》し、いわば「同名異神」になってしまう。伝統的な考え方を、「輸入の神」に託してその教義で表白し、それによって知識化して再認識するのだから、そうなるのが当然である。従ってその対象は、エジプトのイーシス教、東方のミトラ教、ユダヤ教、キリスト教だけでなく、伝来のギリシア・ローマの神々の一つをこれらの宗教と結びつけた新興宗教でもよいわけで、当時はそういった新旧さまざまな諸宗教が渦巻いていたわけである。そしてキリスト教形成期において、彼らにとっての最大の敵は、いわば「イエスに仮託して、己が伝統的な思想を語る」グノーシス主義者になったわけである。言うまでもなくキリシタンは、このグノーシス主義者に入る。それが神話の形で明確に出ているのがキリシタン文書『天地始之事《てんちはじまりのこと》』なら、文書の形で明確に出ているのがハビヤンの著作であろう。従ってもしキリシタンが幕府に弾圧されずに一大勢力となったら、法皇庁がこれを「日本的グノーシス主義の異端」として取締らねばならなかったであろう。それは前記の『天地始之事』に対する次のような処置にも表われている。

すなわちこの書の蒐集《しゆうしゆう》また暗誦者《あんしようしや》からの筆録をされた田北耕也《たぎたこうや》氏は次のようにのべておられる。

「……潜伏キリシタンを発見したベルナルド＝プチジャンは、一八六五（慶応《けいおう》元）年四月十四日の日記に、『彼（浦上《うらかみ》のドミンゴ又一）は、浦上にあった只《ただ》一冊のキリスト教の教理本を渡した。〝天地始《はじま》りの事〟と題し……（中略）』と書いている。ところが、このプチジャン司教と同時代の人（中略）サルモン神父は、『あとでよく調べて見たら随分と奇怪な伝説を交えた、取るにも足らぬものであった』と当時……話した。又一の写本は捨てられてしまったらしい……」と。

従ってこの本の原本はない。浦上のキリシタンが迫害下に持ちつづけて来た重要な典籍がカトリックの神父にとっては破棄されるべきものだったわけだが、確かにこれは一種の破棄すべき「異端文書」に入るであろう。しかしもしこれが破棄されたことを知ったら、隠れキリシタン、ドミンゴ又一は激怒し憤慨し、キリシタンとしてカトリックと対立するという態度になるであろう。『破提宇子』の末尾にあるパードレへのハビヤンの憤懣《ふんまん》は、おそらくこれと共通する一面もあると思われる。そしてグノーシス主義への排撃は、常に、このような形で起るのである。

輸入の神とその思想に仮託して語るためには、まず一応、伝来の思想をすべて排撃しなければならない。だがその偶像破壊の論理は、そのまま輸入の神にも向けうるのである。従ってハビヤンの著作がすべて「破文《はもん》」――論破する文章――になって行くのは当然であり、そしてこの破文の基礎になっている思想が、『平家物語』再編の基をなす思想だから、以下でまず「破文の論理」を概略的にたどることにしよう。ただこの際、彼はあくまでも宗教家であり、一六〇〇年代の人であって、いわゆる「近代科学」と殆《ほと》ど無縁の人であったことを絶えず念頭におくと共に、日本人のいう〝科学的〟なる言葉が何を意味しているかも検討してほしい。

というのはハビヤンは、今の言葉でいえば非常に〝科学的〟な人であった。彼の生涯の全著作は前述のようにおそらく全部「破」がつくものである。キリシタン伝道文書といわれる『妙貞問答』もその内容のうち最も生き生きしているのが、「破仏教・破儒教・破神道」の部分である。そして最後に『破提宇子』を書いたのだから、彼はその生涯において、地球上の殆どすべての宗教を論破したことになり、その論破の基準は今の日本人とほぼ同じである。論法はなかなか鋭く、必ず「創造論・宇宙論」を取りあげ、まず、儒教を用いて仏教の宇宙論を否定し、ついで儒教の太極論を批判した上でその宇宙論が結局は神道の神話と同じで「日本ノ神代ノ沙《さ》汰《た》ニ似タル事ニテ侍《はべる》ゾ」と結論する。『日本書紀』の創造説は、中国の影響を受けているからこれは当然のこととはいえ、当時としては実に鋭い指摘であり、同時に、仏教・儒教・神道を同一水準に並べて論じているのが面白い。この三宗教に対する彼の「破文」の全部を紹介する余裕はないから、この最後のまとめともいうべき神道の神話の否定の部分だけを現代文に訳し、敷衍《ふえん》しつつ次に紹介しよう。

「……この神話の内容は、御身《おんみ》〔妙秀という名の尼僧《にそう》〕と私〔幽貞という名の尼僧。この二人の問答形式だから、書名が『妙貞問答』〕との間で話すも面《おも》はゆく、ちょっと口にはできないことだが、その理由は申すまでもないことであろう。鉾《ほこ》とは何か、したたりとは何のことかは推察したまえ。大日という文字のことも、これは人体を指してのことであろう。人が手足をひろげて横臥《おうが》すれば大日という文字の形になる。これもくわしく申すまでもあるまい。そういうわけだから、神道の『さとり』とはつまるところただ『夫婦交懐《きょうかい》ノ陰陽ノ道ニ極《きわま》リサフラフゾ』ということになる。（中略）大体において、秘事だといって隠すほどのことに、深いことはないものである。明らかに見せるか語るかすれば、『なあんだ、たいしたことではない』と見聞く人が思うから、かくすのである。真言《しんごん》〔宗〕の秘密、神道の秘事、大体そんなところと思われればよかろう。さらに神書《しんしょ》〔古事記など神道の書〕などのことについては、慎重に考慮しなければならない。この日本に限らず、大体において、大国と陸つづきでない島国のはじめは、必ず、隣りの大国の人が渡って来て住みはじめ、その子孫が数多くなって行けば、後代には本国のことがわからなくなって行くものである。南蛮の南に錫狼《せいろう》（セイロン）という島があるが、南蛮の人が住みはじめて子孫が数多くなって繁栄し、亜非利加《アヒリカ》（アフリカ）という国の東には賛労冷祖《サンロれいソ》（サン・ロレンソ）という島があり、アフリカ人が渡ってはじめて村里をかまえ、田園を開き、五穀成就《じょうじゅ》して人の住むところとなっている。それと同じように、この日本も隣国から渡って来てはじめてこのように『ヒロマリサフラフベケレドモ、後ニハ国里《くにさと》モヒロク也《なり》、人倫（人間）数ヲ知ラズ成行《なりゆく》マヽニ、其《その》初メヲバ唱ヘ失イ、神書ト云ヘル物ヲ作リ』神が天降《あまくだ》って、『国里海川ヲウミヒロゲ、人倫畜類ヲモ生ジタリナド、云イヒロメシカバ』それが言い伝えられて、みなが事実だと思い込んでいるだけである」

以上の神話否定の議論は、おそらく今でも〝科学的〟として通用するであろうし、現代の日本人も殆ど違和感を感じずに受け入れるであろう。日本の神話に〝科学的〟なメスを入れた最初の日本人はおそらくハビヤンである。そして彼は遠慮なく、神代《かみよ》の否定、神道否定、神宮・神社否定へと進んでいく。次にその一部を記そう。彼はまず神代の年数を笑殺した後、文字がなかったから、神話が正確な記録であろうはずはないと論証する。

「ましてやこの国には初めには文字もなく、応神《おうじん》天皇の治世十五年に、百済《くだら》国から経典《きょうでん》が来て、（中略）はじめて文字に接した。これより昔には文字というものはない。弘法《こうぼう》の『いろは』も吉備《きび》公の『カタカナ』も、この経典が渡来してからはるか後に、漢字をかたどって作り出した文字だから、その昔のことを、どうやって、言われているように、年久しく伝えることができるのか。ところが神代にも、仏教音楽の音符のような『ユガミスヂリタル〔ゆがみ、曲げくねる〕』一万五千三百九十五字の文字があって、これが今では、吉田家〔吉田神道の本家〕に秘説として伝わって、世には公開しないのだという人がいる。『アラウソヤ〳〵』である。これほど『物知リダテヲシタガル世ノ中』に、本当にその字があるなら、どうして人に教えて読ませないことがあろうか。札《ふだ》にでも何にでも書きつけて、これこそ神代の字で、吉田殿以外には知られずなどと言いはやされるはずだが、本当は、昔にもなく今にも伝わっていないから、神代の字を見たものは一人もいない。あるなら全部は見せずとも、一字だけでけっこうだから、見せてほしい。おそらく、そんなものは存在しないと思う。というのは、もしあるなら、吉田家よりも、天皇のいる禁中〔宮中〕にこそあるはずなのだが、どのような朝廷の近臣重職の人びとも、一字たりとも見たと言うものがないのだから、ないにきまっている。」

従って、日本国はイザナギ・イザナミが生み出したなどというのは愚かな話で、隣国から移住して来たにきまっている。ではその隣国とはどこであろう。ここで彼は、中国渡来説をのべ、両神が「天ヨリ下リ玉ヘル神ニテ、人間ノ元祖トモ、其外《そのほか》山河大地ヲ先《サ》キトシ、万《ヨロズ》ノ草木マデヲモ産《ウ》ミ玉ヘル一切ノ物ノ父母《ブモ》ナリナドト云《イフ》ハ、疎《オロカ》ナル事ニハサフラハズヤ」と記している。

そしてこれが天照《あまてらす》神話となるとさらに辛辣《しんらつ》になる。「……天照大神ハ、弟ノ素戔嗚尊《すさのをのみこと》ト、ヨリアイテ子ノ六七人モ持タレシ。其子《そのこ》ハ何ニテサブライシゾ。牛ハ子ニモ牛ヲ生ミ、馬ハ馬、人ハ人ヲ生《ウム》ガ定リタル事ニテ侍《ハベル》。天照大神、其身《そのみ》日輪ナラバ、生メル程ノ子モ皆《みな》日輪ニテナクテ叶《カナフ》ベカラズ。日輪ノ六ツモ七ツモ、大日輪ノアトサキニモカヾヤクナレバ」あれが小日輪だといえるはずである。ところが「『天ニ二ツノ日ナク、国ニ二人ノ君ナシ』ト昔ヨリ申《もうし》ナラハシタルガ如ク」であるから、日輪は天照大神でないことは明らかである。そしてそうでないことが明らかなのだから天照大神というものは存在しない。「……天照大神ト云《イフ》ベキ物ナシ。然時《シカルトキ》ハ、伊勢大明神《いせのだいみょうじん》ト云フモ、ナンデモナキ事ト心得玉へ。其《ソノ》神体ト云《イフ》天照大神ガナキ物ナレバ、伊勢大神宮モアルベキヤウナシ」このように、すじ道を立てて記していけば「万《ヨロツ》ニ理《コトワリ》ガ聞ヘサフラフベシ」と。

つづいて各神社への批判と否定が出てくるが、ほぼ同じ論法なので、これは除く。全般の論述の進め方はまことに現代的であり、〝科学的〟であって、まるで進歩的文化人の歴史教科書を読むようである。人によっては、ハビヤンの方が、戦争中の神がかり的超国家主義者よりははるかに現代的と見えるであろう。だが見方を変えれば、これは、日本人が、一六〇〇年代より一歩も〝進歩〟していない証拠文書でもあろう。いずれにせよ彼は、「グノーシス現象」と「科学」の区別がつかない一部の無知な日本人に対して、その違いを明らかにしているだけでも、貴重な存在である。

言うまでもなくこの論法は、そのままキリシタンにあてはまる。『破提宇子』のはじめに、彼は、キリシタンは、世界に秩序があるのは、その秩序を立てた「能造ノ主《アルジ》ナクンバアルベカラズ。此《コノ》能造ノ主ヲデウスト号スト云ヘリ」というと説明し、ついで「破シテ云《イフ》」として次のようにのべている。

「是何《コレナニ》ノ珍シキ事ゾ。諸家《ショケ》イヅレノ所ニカ此義《コノギ》ヲ論ゼザル。『有物《モノアリ》先《サキダチ》天地《ニ》、無《ナクシテ》形本寂寥《モトセキレヨウ》。能為《ヨクナリ》万像主《ノアルジ》、逐《オヒテ》四時《ニ》不《ズ》凋《シボマ》』トモ云。『天何《ナニヲカイフヤ》言哉、四時行《ユキテ》焉、百物生《ブツナル》焉』トモアリ。其外《ソノホカ》仏法ニハ、成住壊空《ジヤウヂウヱクウ》ノ次第ヲ以此義《モツテコノギ》ヲ論ジ、神道ニハ天神《テンジン》七代《ダイ》、地神五代ト神代《シンダイ》ヲ分ツ。就《ツク》中《ナカン》天神七代ノ始メ、国常立尊《クニトコタチノミコト》・国狭槌尊《クニサヅチノ》・豊斟渟尊《トヨクンヌノ》、三神在《ミハシラカミマシ》マシテ天地開闢《カイビヤク》シ玉フ。常ニ立《タツ》テ国ヲ治メ玉フ故ニ国常立ノ尊《ミコ》ト申シ奉ル。何ゾ提宇子《ダイウス》ノ宗《シウ》バカリニ天地開闢ノ主《アルジ》ヲ知《シリ》タリガホニ、クド丶シク此義ヲ説《トク》ヤ。言多者《コトバヲヲキモノ》ハ品《シナ》（内容）少《スクナ》シ。閉口シ去《サル》」

結局、棄教前も棄教後も、彼のこの論理は一貫している。従って彼の棄教は、「結局同じことか」といって「閉口シ」去ったのであって、何らかの回心に基づいて、転向したわけではない。おそらく彼自身は常に変らず、日本の伝統的な考え方を、さまざまな宗教に仮託して「客体化」し、それによって形成された内なる基準に基づいて、客体化できない部分を「破文」で破棄していっただけであろう。だが彼は常に、その「破棄した部分」しか口にせず、その「内なる自らの基準」は明示していないのである。これは前述のように今の日本人も同じであって、

「反論」はできるが、その反論の基準となっている自らの思想を論理的・体系的に明示せよと要求すると、できなくなってしまう。従って日本人には論争は不可能である。だがそれでいてこの状態を日本人は〝科学的〟と考える。その意味ではハビヤンは、まことに〝科学的〟で、現代の日本人特に進歩的文化人とそっくりだが、実をいえば、この状態ぐらい非科学的な状態はないのである。

なぜこうなるか、理由はいろいろとあるであろうが、その一つは最初にのべたように、グノーシス現象の最終段階である「相互作用」が常に起らないからであろう。ハビヤンが「閉口シ」去ることなく、キリスト教ハビヤン派としてカトリックと公開論争でも起し、相手を説得しようとすれば、否応《いやおう》なしに、彼の「内なる基準」が明らかになったであろう。だがそれは常に起りえない。そしてただ一つ例外的に存在する、そういった積極性をもつ著作が、ハビヤンの『キリシタン版　平家物語』なのである。この本はもちろん論争が目的ではない。しかし「理解さす」ことが目的である。同時にこれは、ハビヤン自身がまず「伝統的な思想を輸入の思想に仮託して客体化し、それによって『知識』として自ら再認識し、理解しなおし」たものをパードレに提供しようとしているのである。西欧ではこういう例は少しも珍しくなく、こうなるのが常態だといえるが、少なくとも日本では、相互作用の第一歩に至った非常に珍しい例である。

では一体、彼は、いかなる基準に基づいて『平家物語』を再編し、同時に、仏・儒・神道・

キリスト教を「破」していったのであろうか。その〝科学教〟ともいうべき奇妙な宗教の実体は、一体、どんなものなのであろうか。

ハビヤンの「人」と「世」

一体、彼が記した『平家物語』の主題は何か。前章で示した「巻第一」の第一章が、その一つを示しているであろう。右馬之允《うまのじよう》の「平家の由来が聞きたいほどに、あらあら略してお語りあれ」という言葉に対して、喜一検校《きいちけんぎよう》は次のように始めている。「やすいことでござる。おおかた語りまらしょうず。まず平家物語の書き初めには、おごりをきわめ、人をも人と思わぬようなる者はやがて滅びたという証跡《しようぜき》に、大唐《たいとう》・日本においておごりをきわめた人々の果てた様《よう》体《だい》をかつ申してから……」と。言うまでもなく、この考え方は、本来の『平家物語』の冒頭とは全く違う。そして彼がこう記した背後には『妙貞問答』の次の言葉と同じ考え方があるであろう。すなわち、

「……サテ又イケルカギリノ栄辱貧福、曾《かつ》テ心《ここ》ロニ任《まか》セズ、夭寿《ヨウジユ》〔短命と長命〕モ又思フマヽナラズ。惣《そう》ジテ人ノ上ヲ案ジサフラフニ、イヅクヨリトハ見ヘネドモ、傀儡《テクグツ》〔からくり人形をあやつる芸人〕ノ人形ニ糸ヲ付《つけ》テ、立居振舞ヲアヤツルニ異ナラズ。人ニヨテ昨日マデハ富栄《とみさか》

へ、世ヲ蓋《ヲホ》ヒ功ヲナスト見ヘドモ、今日ハ引易《ひきかへ》、身ノ置所《おきどころ》モナク也《なり》、人ニヨテハ又疲馬《ひば》ノ塵《ちり》ヲ追イ、路頭ニ袖《ソデ》ヲヒロゲヌ計《バカリ》ナリシモ、時ニ逢ヒテハ忽《たちま》チニ富貴ノ家トナリ、栄花ヲ極メ、司《つかさ》位《くらい》ニ進ミ、天上ノ仙席〔清涼殿に上がること〕ヲ赦《ゆる》サル、マデノ身トナル人モアリ。去《され》バ、カヤウノ転変、是ガ智恵ノ勝《マサ》リ、是ガ才覚ノ劣リタリト云謂《いふいは》レニシモ非《あら》ズ」

ではなぜこうなのか。これをなぜと問わず「何事モ自然天然ニシテ、誰ガナス能《わざ》ニモ非ズト、悟リダテヲ云《イフ》仏法ナドハ、甚ダシキ迷ヒニテサフラハズヤ」と彼はいう。すなわち平家の滅亡を一つの「天然自然」の現象のように扱い、従って「諸行無常」「盛者必衰」「風の前の塵」と見ることは、思考の放棄だから、それこそ「甚ダシキ迷ヒ」ではないか。滅亡には滅亡の原因があるはずである。ではその原因は何なのか。それは「人をも人と思わぬような者はやがて滅びた」という言葉が示すように、「人をも人と思わぬ」罪をおかした者は「滅び」るというわけである。従って「滅び」の原因はそこにあり、『平家物語』の冒頭は、その証拠を示すために、広く大唐《たいとう》・日本において「おごりをきわめた人々の果てた様体《ようだい》」をまず記して、次いで清盛の行跡にと進んでいる、と彼は記しているわけである。

この「おごりをきわめ、人をも人と思わぬ」という非難が、『破提宇子』では、伴天連《バテレン》に対して向けられている。「サテ慢心ハ諸悪ノ根元、謙《ヘリクダル》ハ諸善ノ礎《イシヅヘ》ナレバ、謙ルヲ本《ホン》トセヨト人ニハ勧《スス》ムレドモ、性得《シヤウトク》ノ国習《くにの》ヒカ、彼等ガ高慢ニハ天魔モ及ブベカラズ。此高慢故《ユヱ》ニ、他ノ門派ノ伴天連ト威勢争ヒニテ喧嘩《けんくわ》口論ニ及ブコト、世俗モソコノケニテ見苦シキ事、御推量ノ外《ホカ》ト思召《ヲボシメ》セ。……」と。さらに「南蛮人ト日本人トノ挨拶、寺中ニテ何トカアル」という質問に対しては「其《ソレ》モ右ノ物語ニテ御推察アルベシ。高慢ナル者共ナルガ故ニ日本人ヲバ人トモ思ハズ。サルニヨテ日本人モ亦是《またコレ》ヲスマズ（済まされない）ト思フヲ以テ、真実挨拶ノヨキ事モ候ハズ……」と。

だが、おそらく読者も、ここで一種奇異な感じをうけるであろう。というのは最も高慢で「人をも人と思わぬ」点で最高という人を文中からひろい出すとすれば、それは実にハビヤンその人だからである。彼は、まるで自らが絶対の権威であるかの如くに振舞い、〝科学的〟な論法で当時の日本のすべての思想を論破した、否、少なくとも論破したと自ら信じて疑わなかった。従って儒・仏・神道・キリシタンの側から見れば、彼ほど高慢で、一人よがりで、独断的で、人をも人と思わぬ人間は、いないはずなのである。林道春《どうしゅん》〔羅山〕の言った通り「汝狂《きょう》謾《まん》なり」であろう。彼は確かに異常な秀才であったろう。従って対象の概略を把《つか》むことは巧みであり、その「破文」のうち、全く「的はずれ」といえるものはない。特に排キリシタン文書では、取りあげようという興味をもちうるものは、彼の著作だけだといってよい。だが、いざ本当の対決となると、彼は常に自らの「対象理解」に自信がないのである。これは林道春との議論によく表われており、対象は常に自己の思想の仮託の対象だから、それが当然である。そこでその批判が常に相手でなく第三者向けに伝道という形で行われており、その説得は巧みである。これは、彼が、当時の人びとが自ら意識せずにもっていた「思想」を知り、それに抵触しないように論理を進めて儒・仏・神道・キリシタンを論破していったことを意味している。結局彼の思想もこの「思想」で、それが〝科学的〟と呼ばれるもの、彼は無条件でそれを信じ、その「信仰」に基づく自信によって、すべてを「破す」という高慢な態度がとれたはずである。彼はその「思想の世界」に絶対的に帰属し、全く疑いをもたぬほどその秩序に従順であったから、自分が高慢とは夢にも思わず、逆に、その思想に従わぬ者が高慢に見えたのであろう。

では彼がそれに対して従順であった「世界」はどのような世界であろうか。おそらく、彼が「世」という言葉で表わした対象である。「人をも人と思わぬ者は滅びる」の次に「世を世とも思わず」と彼が評した成親《なりちか》の滅亡が来るのである。では一体、「世を世とも思わぬ」とはどういう状態を言うのであろうか。次にその部分を引用してみよう。

「そのことでござる。平家の悪行《あくぎよう》（人を人とも思わぬ行い）はこればかりでもござない、そのうえ無理な位《くらい》争いをして、あまたの人々をこえて次男宗盛《むねもり》（は）右大将《うだいしよう》という官にあがられた。そうあったところで、成親卿《きよう》と申す人これを無念に思うて、なんとぞして平家を滅ぼいて本望を遂《と》ぎょうずると企てられた。これも思えば、いらぬことであった。親の卿にまさって子の成親卿は大きな国をもあまた持たれ、また子息所従ともに朝恩にほこり、なんの不足もなかったに、このような心のついたことはひとえに天魔の所為《しよい》と見えた。この成親卿にかぎって平家に対して疎略あるまいことが本意でござる。その子細はその古《いにし》え信頼《のぶより》卿という人に一味して平家に敵対《た》われたによって、すでに誅《ちゅう》せらりょうずるにさだまったを重盛《しげもり》さまざまに申して首をつがれたに、その恩を忘れて外人《がいじん》もないところに兵具《ひょうぐ》をととのえ、武士を語らいおいて謀叛《むほん》の営みのほかには他事なかった」

ところがこの謀叛は発覚する。鹿谷《ししのたに》の変である。そして捕縛された成親に、清盛は次のようにいう。「そもそも御辺《ごへん》は平治にもすでに誅せらりょうずる人であったを、重盛が身にかえて申しなだめ、首をつぎ奉《たてまつ》ったに、何の遺恨をもってこの一門を滅ぼそうずるとの企ては何ごとぞ？　恩を知る者を人とは言う、恩を知らぬをば畜生とこそ言え。しかれども当家《とうけ》の運がつきぬによって、迎え奉った。日ごろの御結構の次第じきに承《うけたまわ》ろうずる」と、これに対して成親は返答ができない。ただ「人の讒言《ざんげん》でござろうず」といった陳弁だけである。

これに対して同じように捕縛されたとはいえ、「恩」をうけていない西光《さいこう》は平然としているだけでなく「居なおりあざわろうて」自分は「院中《いんぢゅう》に召し使わるる身なれば」「院宣《いんぜん》と言うて催されたことにくみせぬとは申そうずるようもない、それはくみつかまつった」と言い、「御《ご》辺《へん》は忠盛の子であったれども、十四五までは出仕もえ召されず、家成《かせい》の卿の辺に立ちよらせられたをば、京 童《わらんべ》は高平太《たかへいだ》とこそ申したが……」とはじめて、自分は院から過分の恩をうけてはいないが、お前こそ「太政大臣《だいじょう》までなりあがったか？　過分におりゃろうず」と平然として言う。西光には、謀叛の失敗を残念に思う気持はあっても、罪悪感は皆無であり、ハビヤンもそれを当然と考えている。

一方成親の方は、「……世を世とも思われず、近いあたりの人はものをさえ高《たこ》う言わず、おじおそれてこそきのうまでもあったに、夜《よ》の間《ま》にかわる体《てい》楽しみつきて、悲しみきたると、ある人の書きおかれたも、今《いま》目の前に知らるる体《てい》でござる」となったのは、「恩」を忘れたからである、とする。ただここでハビヤンの意味する「恩」とはあらゆる意味の「過分」の受領《ずりょう》のことなのである。これは、西光にとっても、清盛にとっても、成親にとっても、そして言うまでもなくハビヤンにとっても、この「世」は、一定の秩序のもとに、「過分」の授受に基づく一種の貸借関係で成立っており、この貸借を無視することが、「世を世とも思わぬ」無法の行為になるわけである。従ってハビヤンははっきりと書いている、「この成親卿にかぎって」は、たとえどのようなことがあっても、平家に対して疎略でないことが「本意でござる」と。

さてここから長々と「恩＝過分論」がつづく。そして「恩」という言葉は絶対であって、その前にはすべての人が沈黙してしまう。成親は清盛に対して沈黙し、またその清盛も重盛の「恩論」の前に沈黙するわけだが、面白いことに謀叛を起し、恩論からいえばそうしないことが「本意でござる」成親さえ、「恩論」で助かろうとする。成親の捕縛を聞いて重盛が清盛邸に来る。すると成親は彼に懇願する。「何ごととは存ぜねども、かかる目にあいまらするを御《ご》覧《ろう》ぜられい、貴《き》辺《へん》さようにござれば、さりともとこそ頼み奉ってござれ、平治にもすでに誅せらりょうずるを、御恩をもって首をつがれまいらせて、二位の大納言にあがって、年もすでに四十にあまりそろ。御恩こそ生々世々《しょうじょうせせ》にも報じつくしがとう存ずる。こんども同じくは、かいなき命を助けさせられてくだされよ……」。これは実に奇妙な論理である。確かに自分は恩になった。それは到底報じがたい恩である。そして忘恩の行為をした。ここでもう一度、恩を施してくれ、それによって生きて、この二重の恩を報じなければ、報じきれないから、といった趣旨であろう。これは旧債が返せないから新しく金を貸してくれといった奇妙な議論だが、ハビヤンはこれを、支離滅裂の暴論とは見ていない。

一方清盛も、法皇《ほうおう》に対して一種の恩論を展開する。法皇は平家に恩があるはずだ、として清盛は貞能《さだよし》に次のように言う。「貞能このことをばいかが思うぞ？　保元《ほうげん》平治よりこのかた汝が知るごとく、君のおために命を捨《す》ちょうとすることは、度々《どど》の儀じゃ、たとい人《ひと》なんと申すとも、七代《しちだい》まではこの一門をばいかでかおぼしめし捨てさせらりょうぞじゃに、成親という無用のいたずら者、西光《さいこう》という下賤《げせん》の無当人《ぶとうじん》が申すことにつかせられて、ややもすれば、この一門を滅ぼさせらりょうずるとある法皇の御結構こそ遺恨の次第なれ、こののちも讒奏《ざんそう》する者あらば、当家《とうけ》滅ぼせとの院宣《いんぜん》をくださりょうずと思うぞ」と。そしてこの「恩論」に基づき「しばらく世をしずみょうほど法皇を鳥羽《とば》の北殿《きたどの》へ移し奉るか、しからずは（ば）これへまれ御幸《ごこう》をなし参らしょうずる」ということになる。

さて、この長々とつづく「恩＝過分論」の最終的総まとめをやるのが重盛である。この間非常に興味深いことは、登場人物の全員に忠誠《フェイス》（信仰）という積極的な概念がなく、この点では、忠孝の象徴のように見える重盛も同様なことである。これはハビヤンにも、この概念がないことを示している。もちろん〝科学的〟な彼に、「信仰告白」とか「ナムアミダブツ」とか言ったような〝未開〟で〝非科学的〟な積極性がないのは当然であり、むしろ親鸞《しんらん》的な思想への反動と思われる点があるが、それが一種の「人間相互債務論」のような形になっており、「恩」という負い目を意識することが「人をも人と思わぬ」「世を世とも思わぬ」とは逆の正しい状態として、積極的に評価されていることが興味深い。重盛は次のようにいう。

「……世に四恩がござる。それというは天地の恩、国王の恩、父母《ぶも》の恩、衆生《しゆじよう》の恩、これでござる。……（中略）……いかにいわんや、先祖にもいまだ聞かぬ、太政大臣《だいじよう》をきわめさせられ、こう申す重盛も愚かなる身にてござりながら、内《ない》大臣の位《くらい》に至り、しかのみならず国郡なかばは一門の所領となって、田園ことごとく一家《いつけ》の進退《しんだい》となった儀は、希代《きたい》の朝恩ではござないか？」

清盛は法皇こそ平家に恩があるという、一方それに対して重盛は平家こそ法皇に恩があるという。従って自分はこの「恩＝過分論」に基づいて行動するであろう、それが道理だと彼は宣言する。

「……君《きみ》と、臣とをならぶるに、親疎分《わ》くかたなく、道理と、僻《ひが》ことをならぶるに、いかで道理につきまらすまいか？　これは君の御理《おんことわり》でござれば、かなわぬまでも院の御所を守護し奉ろうず、そのゆえは、重盛いま大臣の大将《だいしょう》に至るまでしかしながら君の御恩でござる。その恩の重いことを思えば、千顆万顆《せんかばんか》の玉にもこえ、その恩の深い色を案ずれば、一入再入《いちじゅうさいじゅう》の紅《くれない》にもすぎた。しかれば院中《いんじゅう》に参りこもろうず、……（中略）……さても迷惑なことかな！　君のおために奉公の忠をいたそうずるとすれば、迷盧《めいろ》八万《はちまん》の頂《いただ》きよりもなお高い、父の恩をたちまち忘るるに、不孝の罪をのがりょうとすれば、君のおためにすでに不忠の逆臣となろうず……」

さてこのように、「恩＝過分論」を展開されると、今度は清盛がそれに対して反論できない。そして「清盛たのみきられた重盛はかようにあれば、力もなげになって、いやいやそれまでは思いもよらぬ儀じゃ、悪党どもが申すことにつかせられて僻《ひが》ことなどがいできょうずるかと思うばかりでこそあれ」と言いわけをする始末、そしてここで、すべては一応落着してしまうのである。

以上はあくまでもハビヤンが再構成した『平家物語』の世界である。そしてここに彼が描いているのは、恩を基準とした一つの合理的な貸借関係の世界である。そして彼がキリシタンに求めたもの、そしてキリシタンにあると信じていたものは、この合理性であった。『妙貞問答』

の中で、「惣《そう》ジテ此宗《このしゅう》ノ教ヘニハ、理《コトワリ》ヲ以テ決スル事（ト）、理ヲ論ズルマデモナク、伝受ノ一通リニテ澄《ス》（済）ム」こととがある、と彼はのべている。そして「天地ノ主《アルジ》デウス一体在《まし》マス事ト、アニマ－ラシヨナルトテ、人ニハ後世ニ生残ル性命アリト云《イフ》事ナドハ、理ヲ以テ決セズシテ叶ハズ」であるとのべている。すなわち彼は自然界に一つの秩序（合理性）を見、その背後にその秩序を打ち建てたものを見、それをデウスとした。彼は星辰《せいしん》より草木に至る秩序をあげ「……キリシタンノ教ヘニハ、天地ノ間ノ矩《ノリ》ゾト是ヲ示サレサフラフ。矩云《ノリトイ》フハ、独リ立物《たつもの》ニ非ズ。下《しも》ニ万機《ばんき》ノ政《マツリゴト》ノ行ナハル、、ハ、上《かみ》ニ万乗ノ君ノ在《マシ》マス故也《ゆえなり》。……是等ノ理《コトワ》リバカリニテモ、真《まこと》ノ主《あるじ》キリシタンノデウスヲバ知ルニカタカラズ」とし、到る所でこれを強調し、「秩序なし、とした」といって仏教を「破」した。そして、この秩序を打ち建てたデウスは、当然にその秩序の中にいる人間を、その秩序で律していると考えた。そこで「此運命ヲツカサドリ玉フ主《アルジ》一体マシマス事、明《アキラカ》ニサフラフゾ」であり、「諸行無常」でなく、一つの合理性が自然と人間をともに支配しているはずなのである。従って「デウスハ憲法（義）の源ニテ在マスト云《イフ》ヨリシテ、善人ニハ賞ヲ行イ玉イ、悪人ヲバ罰シ玉ハデ叶ハズ。然《シカル》ニ今現在ノ人ノ体《てい》ヲ見レバ、スグナル（正しい者）ガ苦《くるし》ミ、邪《ヨコシマ》ナルガ楽《たのし》ミ栄フルモ多ケレバ、此善悪ノ御賞罰、未《み》来世《らいぜ》ニナクテ叶ハズト云所マデモ、理ヲ以テ徹スル事ニテサフラフ」となる。従って「後世ニ生残ル性命アリト云事」は彼にとってはあくまでも「理ヲ以テ決セズシテ叶ハズ」で、「世」のアンバランスは、ここでバランスがとられねばならないのである。

そして彼は、こういう観点から『平家物語』を見たわけである。そしてその世界を彼の「理ヲ以テ」再構成し、秩序づけていった。その結果、彼が見出《みいだ》したものは「人をも人と思わぬ者」「世を世とも思わぬ者」が滅び去る証拠があげられている世界であった。そして「人をも人と思わぬ」「世を世とも思わぬ」とは、「恩＝過分」という、人間の相互債務性を認めずそのバランスを崩すものが滅びるという原則であった。「恩」という概念が、親子関係という人間の基本的な自然発生的な秩序に基づいており、これを社会全般に敷衍《ふえん》して一つの秩序の基本としたと考えれば、これは確かにハビヤンにとっては、デウスが打ち建てた自然の秩序に基礎をおいた秩序であったろう。従ってそれは「理ニ叶ッテ」おり、だれもこれに反論できぬ、きわめて〝科学的〟な考え方だったはずである。従ってその象徴である重盛にはだれも反論できない。同時に、その言葉に従っている限り滅亡はないわけである。そしてハビヤン自身、重盛に対して少しも否定的ではないのである。

以上のことを要約すれば、次のようになるであろう。ハビヤンは、あらゆる宗教のみならず、この世のすべての矛盾を、「理」すなわち〝科学的〟な合理性を基準にして「破」した。単に神話や諸宗教の否定だけでなく『妙貞問答』にはキリシタンに基づく合理的政治論が長々と展開されている。だが、それと同等に彼は、人間の倫理的行動の基準を「恩＝過分」という人間関係＝人間相互債務論におき、これを反論を許さない絶対の基準と考えた。従って現実の行動の基準はそこにおかれ、「人をも人と思わぬ」伴天連を強く批難し、それが棄教の大きな原因の一つになっている。

そして、この行き方、すなわち「科学的に『破』すこと」と「人間関係のみを基準に行動すること」は、基本的には、現代の日本も全く変っていないように思われる。

第三章　恩という意識

破文の基準

前回記したハビヤンの「恩＝過分論」の背後には、彼独特の「事理論」がある。事とは現象、理とは本体と一応解するならば、これは彼の考え方の基本になっていると思われる。そして伝道文書の『妙貞問答《みようてい》』では、万物は事（現象面）では別々でも、理（本体）では同じである、という考え方を否定し「事理トモニ各別《かくべち》ナリ。万物一体ト云《イフ》ハ、理不尽ナル事ニテ侍《ハベル》ゾ」としている。ところが排キリシタン文書の『破提宇子《はだいうす》』では、まさにこれと逆のことを主張し、「惣《そう》ジテ万物《バンもツ》ニ事理ノ二ツアリ。……理ハ二ツモ三ツモナク、唯《ただ》一ノ理也」としている。しかし、一見全く相反するように見えるこの言葉が、実は、同じ考え方を二方向からのべているにすぎないのである。そしてここに彼の思想の中心があると思われるが、まずこれを、「恩＝過分論」より探究してみよう。興味深いことは、彼は『妙貞問答』でも『破提宇子』でも、まるで現代の日本人のように「恩」という言葉に触れることを避けているように見える。だが『平家物語』をあつかえば、彼も、否応《いやおう》なしに「恩」に対する自分の態度を明らかにせざるをえない。そして、全く相反するように見える前記の二つの言葉は、「恩」という概念を入れると、一つにつながってしまうのである。だが、少し先に進みすぎたようである。まず『平家物語』に戻るとしよう。

ハビヤンの『平家物語』における「恩」という考え方は、一種の「人間相互債務論」のようなものだ、と前回にのべた。これはパードレに理解さすためにそういう印象が濃くなったことは否定できないが、同時にこれはハビヤンが、それまで明確な定義づけをしないですましていた「恩」という概念を、自らの内で整理して明確にしたら、そういう結論になったともいえよう。そして誤解してならないことは、「恩」とは「人間相互債務論」であっても「人間相互債権論」ではないことである。すなわち、人は「恩をうけた」と債務を感じなければならないが、「恩を施した」と権利を主張することは許されない。これは重盛の「天地の恩」という考え方によく出ている。人は天地に恩を感じねばならない、しかし天地は人間に対して「恩を施した」と権利を主張しているわけではない、人はこれと同じように行動すべきである、しかるに「莫大《ばくだい》の御恩を忘れて、みだりがわしゅう法皇を傾けさせらりょうずることは天道《てんとう》の御内証にもそむき参らせらりょうず」であり、「四海の逆浪《げきろう》をしずむることは無双《ぶそう》の忠なれども」それをもって「恩を施した」権利と考えることは、「人をも人と思わぬ」ことで「傍若無人とも申そうず」。そうでなく「恩をうけた」という債務のみを感じて「君のおためにはいよいよ奉公の忠勤をつくし」、「恩を施したという」意識をもたずに「民のためにはますます撫育《ぶいく》の哀憐《あいれん》をいたされば、天命にかなわせられ、天の御加護あらば」必ずすべてがうまく行くはずだ、と彼は主張するわけである。ところが清盛は常に「恩」を権利と考える、これが正しくない、というこの重盛の言葉に清盛は一言もないわけだが、ハビヤン自身も、この重盛の考え方に少しも違和感を感じてはいない。

「人をも人と思わぬ罪」とは、「恩を施したこと」を権利と見なすことである――というハビヤンの考え方が非常にはっきり出てくるのが「巻第二・第一　妓王《ぎおう》清盛に愛せられたこと、同じく仏《ほとけ》という白拍子《しらびょうし》に思いかえられてのち、親子三人尼《あま》になり、世を厭《いと》うたことと、またその仏も尼になったこと」という長い標題の一章であろう。これは『キリシタン版　平家物語』には全く挿話的に挿入されており、全体の構成から言って、前後に脈絡がなく、削除しても何の支障もない一章である。ハビヤンがこれを挿入した意図は、「人をも人と思わぬ罪」とは、身分や社会的地位、性別、経済的従属等に関係なき問題だということを示すためだと思われる。というのは、ここにおける清盛と白拍子の関係は、到底、西欧におけるそういった関係からは想像もできぬ不思議なことで、ここに示された一種の道徳律が、おそらくパードレを唖然《あぜん》とさせたのではないか。従ってここの序詞の「さてまことにだれにも、かれにも清盛は難儀をかけた人じゃの？　またその妓王がことをも聞きたい、お語りあれ」という言葉は、この内容の概略を聞いたパードレが、特に彼に抄訳させたことを示しているのではないかと想像される。というのは、こういう一種の理由づけを付した長い序詞は、他の章にはないからである。

「恩」という言葉は言うまでもなく、中国に由来しているであろう。しかし以上のような「恩論」またこれから記すような一種の「相互債務論」が果して中国思想のそのままの輸入かといえば、おそらくそうではあるまい。これも多分、中国思想に接触した結果生じたグノーシス現象によって、中国思想に仮託して「知識化」された日本の伝統的思想であると思われる。というのは、当時の中国人は、主権者との関係にまで「恩論」を援用して、重盛のように、忠と孝とを同一水準におき、二者択一は不可能であるから「進退《しんだい》ここにきわまって、是非いかにもわかちがたい儀じゃ。申しうくるところ、詮《せん》は、ただ重盛が首を召されよかし」などとはいわないからである。こういう場合は、おそらく主君に対しては「三たび諫《いさ》めて聞かれざればすなわち去る」であり、父に対しては「三たび諫めて聞かれざれば、号泣してこれに従う」であって、前者は三諫《さんかん》で義務はすむはずである。従ってこの通りなら、重盛は法皇を三たび諫めて聞かれなければそこを去り、次に清盛を三たび諫めて聞かれなければ「号泣して」これに従えばよいはずである。ここには明らかに、父子の関係は契約関係でないからこれの解消は不可能であり、従って無条件服従を余儀なくされるが、主権者との関係はそうではない、という考え方がある。

こういう考え方が基本にあれば、白拍子と清盛の関係、あるいは白拍子相互の関係などは、技能もしくはサービスの提供と対価の支払いという関係のはずである——確かに「過分」な支払いではあろうが。そしてこの妓王のような問題は、どこの国の権力者にもあることで、そのこと自体は、パードレにとって少しも珍しいことではあるまい。だがその事件の経過と、二人の遊女が重盛の如くに「進退ここにきわまって」出家遁世《とんせい》したという結末は、彼らには余りにも奇異に見えたはずである。彼らから見れば、遊女とは元来教会に入ることを禁じられた存在であり、まして彼らが見聞きした西欧の権力者の周辺にいる〝遊女〟たち——競争者を毒殺して寵《ちょう》を独占するぐらいのことは、当然であった当時の彼女たち——を基準にすれば、想像に絶する話であったに相違ない。特にここに出てくる「世をうらむ」という考え方——「世を世とも思わぬ」に対する「世をうらむ」いわば「恩」の対極にある「怨」が出て来たことも、強い興味をもつ一因であったと思われる。これは、もつのが当然である。というのは「恩」と「怨」が、今でも本当に日本人を動かしている倫理的基準だからである。

おそらく読者はすでに察知されたであろう、ここにハビヤンの「破文《はもん》の論理」の中枢の一部があるわけである。すなわち彼は、前回にのべたように、「破文」で次々に神・儒・仏・基を破して行くという「消去法」を取りながら、彼は、この「破文」を書く自己の基準は明らかにしていない。そして前述のように「事理」を、ときには「分けるべき」といって破し、ときには「分けるべきでない」といって破しているが、それが、おそらく同一基準から出た二方向の考え方にすぎないのに、その基準には全くふれないので、一種、彼が転向したように見えるだけなのである。ところがその基準の一部が、破文でない唯一の彼の著作『平家物語』の「恩論」に出てくるわけである。

では、次にその章へと進もう。

日本教の倫理基準——妓王の場合

「長いことなれども、申そうず。清盛はこのように天下を掌《たなごころ》に握られたによって、世間のそしりをもはばからず、人の嘲《あざけ》りをもかえりみいで、不思議なことのみをせられてござる。たとえば、そのころ都《みやこ》にきこえた白拍子《しらびょうし》の上手に妓王、妓女《ぎにょ》というおととい〈姉妹〉の者がござったが、とじという白拍子が娘であった。姉の妓王を清盛の愛せられたによって、妹の妓女をも世上の人がもてなすことは、なのめならなんだ。母とじにもよい家をつくってとらせ、毎月に百石、百貫を送られたれば、家内富貴《けないふっき》して、楽しいこと限りなかった。……」

世界いずれの国にもあることで、別に珍しいことではない。またそれを羨《うらや》む者、そねむ者があったのも不思議ではない。ただ面白いのは、それに「あやかりたい」という遊女が多くいて、「妓」という文字をつけた名が流行し、妓一、妓二、妓福、妓徳などと名乗るものが多かったという記述である。流行であろう。こうして三年がすぎた。ところがその間に「また都にきこえわたった白拍子の上手が一人《いちにん》でき」、年は十六で名は仏《ほとけ》といい、「このような舞はいまだ見ぬと言うて、京中の上下もてなすことは限りがなかった」。そこで仏御前は考えた、このように有名になったが「さしもめでとう栄えさせらるる西八条へ召されぬことこそ本意《ほい》ないことじゃ、遊び者のならいなれば、さだめて苦しゅうもあるまい、いざ推参〈押しかけ参上〉してみようと言うて」ある日、清盛邸にやってきた。

ところが清盛は「何じゃ？　そのような遊び者は人の召しに従うてこそ来るものなれ、そうのう推参することがあるものか？　そのうえ妓王があろうずるところへは神ともいえ、仏ともいえ、かなうまい。とうとう帰れと言え」と言って追い返した。ところがこれを聞いた妓王は気の毒に思って、清盛に「遊び者の推参することは、つねのならいでござる。……たまたま思いたって参ったをすげのうおおせられて帰させせらりょうことは、不憫《ふびん》な儀じゃ、いかほど恥ずかしゅうかござろう」。自分もこの道を歩んで来た者だから、人のこととも思えない、「たとい舞を御覧じ、うたいを聞こしめされずとも」ちょっとでも会ってから帰してやれば「ありがたいお情けでござろうず、ただ理をまげて御対面なされい」と言った。

そうまで言うなら会おう、ということになり、使いを出して、帰途についた仏をまた呼びもどした。そして清盛は「今日の見参《げんざん》はあるまじきことであったを、妓王が申しすすむるによって見参はしつ、見参するほどではなぜに声を見聞《みき》かいであろうぞ」まずは一曲歌ってみろ、と言った。仏は「かしこまってござる」と今様《いまよう》を一曲歌ったが、それは「見聞く人みな耳目《じぼく》を驚かいたによって、清盛も面白げに思われて」これは大変にうまい、これなら舞もさだめし上手であろう、と言って鼓《つづみ》打ちを呼んで、舞を舞わせた。「さて打たせて一番舞《も》うたに、仏御前は髪姿よりはじめて、みめ、かたち世にすぐれて、声もよう、節《ふし》も上手であったれば、なにしに舞も損じょうぞ？　心も及ばぬほど、舞いすまいたれば、清（盛）、舞にめでられて、仏に心をうつされた」ということになった。

驚いたのは仏である。そこで「こはされば何ごとでござるぞ？　……妓王御前の申し状によってこそ召しかえされてもござるに、とどめおかせらるるならば、妓王の思わりょうずる心のうちも恥ずかしゅうござろうず。はやはやいとまをくだされて出させられい」と言った。ところがこれに対する清盛の返事が面白い。「……妓王がいるをはばかるか？　その儀ならば妓王をこそ出そうずれ」なのである。仏はこれには全く驚いて、二人とも召しかかえられることですら、大変に心痛むことなのに、妓王を出して自分一人をとめおくなどとはとんでもないこと。もし私のことを忘れないならば、召されればいつでも来るから、「今日はまずおいとまを下されい」と言った。

ところが清盛はきかない。「妓王とうとうまかり出《で》い」と三度まで使いを差しむけた。妓王とて、いずれはこういうこともあるであろうと内心予期していたものの、昨日今日とは思いもよらなかった。しかも早く出よ早く出よと催促されるので、きれいに後片づけをして出ることにした。しかし「三年《みとせ》があいだ住みなれた所なれば、なごりも惜しゅう悲しゅうて……障子に泣く泣く……『萌《も》えいづるも　枯るるも同じ野辺の草　いずれか秋にあわで果つべき？』」という一首を残して家に帰った。

さて家に帰って、母と妹に事情をきかれたが泣くばかりで返事ができない。そこで二人は供の女にたずねてはじめて事情を知った。そういうわけで毎月おくられて来た百石・百貫もとめられ、今では仏の「ゆかり、かかりの者どもはじめてたのしみ栄えた」。京中のものは妓王が清盛から暇を出されたことを知って、では是非自分のところへ呼ぼうと、自ら来る者もあれば、文《ふみ》を送る者、使いをつかわす者など多々あったが、妓王はただ悲しみ沈んで本人が来ても面会謝絶、文や使いには返事もしなかった。ところがその年も暮れて翌春、清盛からの使者が来た。そして「いかに妓王、そののちは何ごとかある？　さては仏があまり寂しそうに見ゆる。何か苦しかろうぞ？　参って今様《いまよう》をも歌い、舞などをも舞うて、仏をなぐさめい」と言った。ところが妓王は泣くばかりで返事をしない。これを聞いた清盛は、来ないなら来ないとはっきり返事をせよ、それならそれで、自分にもやることがある、と言った。

　これを聞いて母のとじが心配し、なぜ返事をしないのかと問うと妓王は、行くつもりならすぐ返事ができる、しかし自分は行かないつもりだから返事ができないのだと答えた。そして、清盛が「それならそれで、……」と言ったところで、都から追放されるか殺されるかのどちらかしかできないことは明らかである。だが自分は「たとい都を出さるるとも歎《なげ》こうずることでもない、たとい命を召さるるとも、惜しもうずるわが身か？　一度せんないものと思われまらして、再び面《おもて》を向きょうずるものか」と言ってなお返事をしようとしない。すると母はここで一種の「恩論」を展開するのである。そしてその論旨は重盛とほぼ同じである。すなわち、後《ご》白河法皇《しらかわほうおう》が平家を追放しようとしたことは否定できないと同じように、清盛が妓王を追い出したことも否定できない。「しかし」と言って母は次のように説得する。

「男、女の縁さだめないこと、今にはじめぬことじゃ。千年万年とちぎれども、やがて離るる仲もあり、ことかりそめとは思えども、ながらえ果つることもあり、世に定めないは、男女《おとこおんな》のならいじゃ。そのうえわごぜは三年まで思われまらしたれば、ありがたいことでこそあれ」と

ここでまず「恩＝過分論」が出てくる。ついで重盛の場合と位置は変っているが、結局同じ趣旨の孝論へと進む。すなわち、まず殺されるということは、ありえないであろう。おそらく都からの追放であろう。お前たちは年が若いから、どんなところでも生活して行けようが、「わが身、年より、齢《よわい》も衰えた身が都のほかへ出さりょうず、ならわぬ鄙《ひな》の住まいをかねて思うも悲しい。ただわれを都のうちで住み果てさせい。それこそ今生後生《こんじょうごしょう》の孝養であろう」という。すると清盛の場合同様、「恩＝過分論」と「孝論」には無条件で妓王も服従して、「殺されても行かない」と言っていたものが、出かけるのである。

以上、二つのことが明らかに示すことは「受恩」は債務であるが、「施恩」は権利ではない、という原則である。そして清盛が「人をも人と思わず」「世を世とも思わぬ」と非難される最大の理由は、常に「施恩」を権利として主張するからだ、ということになる。彼は法皇のため朝敵を滅ぼした。これは彼によれば「施恩」であり、従って法皇に対して権利を主張しうると考える。また妓王に対して破格の厚遇をした。こうしてこの「施恩＝施過分」によって、妓王に対して、ある種の要求をする権利があると考える。そしてこれが正しくない、というわけである。だが問題はただにこの点にあるだけでなく、ハビヤン自身が、これを当然のことと考え

ているかどうか、という点である。もちろんハビヤンは、この考え方を何の問題意識もなく肯定し、自分はキリシタンだから、この点はこう考えるべきとした片鱗《へんりん》すら、彼の『平家物語』には存在しないのである。

そしてこの点では、現代の日本人の道徳的・社会的規範の基準は同じであると思う。「人間相互債務論」からいえば、権利の主張は許されない。従って日本教徒にとっては権利の主張は罪であって「権利ばかり主張する」という言葉は、当然に、非難の意味である。権利ははじめから存在しない。従って主張する場合は、あくまでも、自分の権利でなく「相手の義務」として主張しなければならない。母とじの態度がこれである。そのため、「正当な権利の行使」と「不当なる権利の濫用」とを一つの基準を基にして分別し、前者を当然と考え、後者は不当と考える、といった考え方はない。そしてハビヤンのパードレへの不満と不信の一つは、彼らが権利を主張し、そのため当然のことのように堂々と論争することなのである。これは『破提宇子』の末尾に記されており、前回引用したので再説しないが、彼にはおそらくパードレのすべてが清盛の如くに見えたであろう。権利を「相手の義務」として主張することを、日本人は「相手の自主性を尊ぶ」という。こういう点では、清盛は実に相手の自主性を尊ばない人間だったことになる。では、そういう形の「権利の主張」の、さしあたっての結末はどうであったか。

妓王は泣く泣く出掛けることになったが、一人で行くのは、あまりにも憂うつだといって、妹の妓女《ぎにょ》とほかの白拍子《しらびょうし》二人、合計四人が一つの車に乗って西八条にやってきた。ところが、常日ごろ使っていた座敷よりも「はるか下がった所に」座敷がしつらえてあった。妓王は「座敷をさえ下げらるることのうらめしさよ」と思わず涙をこぼすと、仏がこれを見て清盛に「日ごろ召されぬところでもなし、これへ召させられいかし。さないならば、私にいとまをくだされい」とまで言ったが、清盛はこれをうけつけない。それどころか妓王の心の内を察しようとせず「いかに妓王、そののち何ごとかある？　さては仏御前があまりつれづれげに見ゆる、何か苦しかろう？　まず今様を一つ歌えかし」と言った。

当然に覚悟をして来たので、早速に歌うと、清盛の気にいって、「さては、舞も見たけれども、今日はおりふしまぎるることがある。こののちは呼ばずとも、つねに来て今様をも歌い、舞などをも舞うて仏をなぐさめい」と言った。妓王は到底返事もできず、涙をおさえて帰った。そしてこれについで妓王、妓女、とじが出家する様子をハビヤンは次のように記している。

「親の命《めい》をそむくまじいとて、つらい道におもむいて、ふたたび憂《う》き目を見たことの心憂さよ。こうしてこの世にいるならば、また憂き目を見ょうず。今はただ身を投ぎょうずると言えば、妹の妓女もこれを聞いて、われもともに身を投ぎょうと言う。母とじこれを聞くに悲しゅうて、何とあろうともおぼえず、泣く泣くまた教訓したは、『まことにわごぜの恨みもことわりじゃ。さようのことがあろうとも知らいで、教訓して参らせたことの心憂さよ。ただしわごぜ身を投げば妹の妓女もともに身を投ぎょうと言う。若いふたりの娘どもに後《おく》れたらば、年老い、齢《よわい》衰えた母がとどまっても何にしょうぞ？ われもともに身を投ぎょうず。まだ死期《しご》も来ぬ親に身を投げさせたらば、深い罪にもなろうず。この世はわずかの仮の宿りなれば、恥じても、恥じいでもさせることでもない。ただ長い世の闇こそ悲しけれ。今生《こんじょう》でこそあろうずれ、後生《ごしょう》まで悪道へおもむこうことこそ悲しけれ』と言うて袖《そで》に顔を押しあてて、さめざめとかきくどいたれば」妓王も「さようにござらば、罪の深かろうずる疑いない」と考えて自害を思いとどまった。

大分長々と引用したが、それはここが非常に興味深い箇所だからである。ここにはベネディクト女史の『菊と刀』以来つねに問題になる言葉「恥」「罪」および「自殺」が出てくるからである。まずおそらくだれも異論がないと思われることは、ここで使われている「恥」という言葉が英語の「恥《シェイム》」と非常に違うことである。妓王は何一つ「恥ずべき行為」「破廉恥《はれんち》」な行為はしていないし、彼女自身も、自分がそういう行為をしたとは少しも考えていない。むしろ「理由なき不当な屈辱感を味わわされた」はずである。従ってこの「恥」は、むしろ「屈辱感《ハミリエイション》」と訳すべきで、前出の「恥じても、恥じいでも」は「屈辱を感じても、感じなくても」であろう。屈辱感より死を選ぶ――いわば「奴隷より死」「敗北より死」といった考え方ないしはこれに似た行き方はどの民族にもあり、それ自体は珍しいことではない。そしてハビヤンは、それを感ずる者だけが人間で、それが、人間は動物と違って、人間の「理」ともいうべき「アニマ－ラショナル〔理性魂〕」をもっている証拠だとし、『妙貞問答』で次のように論じているわけである。

「アニマ－ラショナルノ有《アル》ベキトサヘ弁《ワキマ》ヘ玉ヘバ、色体ヨリ出《いで》ヌト云《イフ》事ハ明《アキラカ》ニサフラヘドモ、猶《ナヲ》モ其理《そのコトワリ》ヲ申サバ、此《この》アニマハ身ヨリ出ヌガ故ニ、身ノ望ムコトヲモ、理ニ外《ハズ》レタル事ナレバ制シテ是《コレ》ヲサセズ。喩《タト》ヘバ、如何《イカ》ニ飢《うえ》ニ望（臨）ミテ身ノ方ヨリハ食ヲ望メドモ、服《ブク》スマジキ所、ハヅカシク思ヘバ食セズシテ、身ノ望ヲ止《とどむ》ルハ、身ヨリ出ヌアニマノ有《アル》ガ為ナリ。余リノ事ニ義理ヲ思イ名ヲヲシミテハ、男《ヲトコ》ハイヤガル身ニ打死《うちじに》ヲサセ、腹背《はらせな》ヲキラスル事モ、アニマ－ラショナルノ身ヨリ出ヌ証拠ニテサフラハズヤ。……」

これより見れば、妓王も「アニマ－ラショナル」をもっており、それをもっているがゆえに「人間」のわけである。だが、このような定義をするには、何もその人がキリシタンである必要はないし、この考え方をうけ入れたらキリシタンだというわけでもない。もしそうなら妓王もキリシタンになってしまう。従って、ここの問題点は、一体、妓王がなぜまた何に「自殺を決意する」ほどの屈辱感を感じたかである。言うまでもなく屈辱感は「自分が明らかに不当な扱いを受けている、ないしは受けていると感じているのに、これに対抗する方法が全くない」と感じられるときに起る。従って問題は、どういうことに対して屈辱を感ずるかである。妓王は前述のように一言でいえば権力者のまわりにいる遊女にすぎない。従って「いずれ競争者に蹴落《けお》とされるであろう、それは予期していた、しかしこの三年、大いに栄耀《えいよう》栄華を味わったし、名声も高めた、これを活用して新しい道を開こう」と考えても不思議ではない。そう考えれば、この事件は彼女にとって一つの段階にすぎないはずである。また彼女にそう考えさす方法もあったわけである。清盛が「施恩」を権利として行使せず、黙って仏御前を引き入れて、妓王に「受恩」を義務と感じさせて、その義務に基づいて彼女を「自主的に」去らせたならば、彼女は何の屈辱感も感じなかったであろう。——たとえその結果は所詮《しょせん》同じであっても。もちろんこの場合、「結果は同じではないか」という主張は無意味であって、泥棒も商行為も利得をうるという結果においては同じではないか、というに等しい。

従って清盛の行為は、「恩＝過分論」の世界では明らかに不当行為なのである。清盛は「施恩」を権利として行使した。そしてこの権利はひとたび行使すれば、この権利に対抗する者は「忘恩の徒」となるから、いっさい、対抗できない。同じことは清盛にすら言えることで、彼は重盛に、その行為は「忘恩の行為ではないか」と言われただけで、反論できず沈黙してしまう。妓王ももちろん同じで、これに対抗できないから、自殺を決意するほどの屈辱感を抱かざるをえない。同時にそれは、自らの権利を蹂躙《じゅうりん》された屈辱感でもある。というのは彼女は「受恩の義務を行使する権利」を一方的に奪われたからである。義務の遂行が、遂行するその人にとっては一つの権利であることは、説明の必要があるまい。従って、この清盛の行いは「人をも人と思わぬ」ことにもなるわけである——ハビヤンの言葉を借りれば、人間の本質であるアニマ-ラショナルを無視したことになろう。そして、この状態に人を陥れず、また自らがこの状態に陥らぬようにすることが、一つの倫理的基準であるならば、それは「恥の倫理」でなく

「施恩・受恩の倫理」と呼ばれるべきであって、現代の日本人の実際の倫理的基準は、おそらくハビヤンの規定した基準と変らないであろう。そしてそれがいかに変らないかの一例は本章の末尾で記すとして、まず、次の問題へと移ろう。

罪と怨《うらみ》——日本教徒の「罪の意識」

さて、ここで出てくる「罪」という言葉は後にゆずり、先へ進もう。いずれにせよ、それでは「罪をおかすことになる」と母にいわれて妓王は自殺を思いとどまり、都を出、「嵯峨《さが》の奥な山里に柴《しば》の庵《いおり》をひき結んで、念仏申していた」ところ、妹も母もこれに従い「ともにひたすらに念仏申して、ひとえに後生《ごしょう》を」願っていた。ところが翌年、不意に仏御前がたずねて来るわけである。二人の出会いを次に引用する。

「妓王涙をおさえて、あれは、さて仏御前と存ずるが、夢か、うつつかと言うたれば、仏申したは『このようなことを申せば、こと新しゅうござれども、申さずはまた思い知らぬ身となりまらしょうずれば、はじめよりして申す。もとより私は推参の者で出されまらしょうずるを、妓王御前の申し状によってこそ召しよせられてもござったに、女のかいないことは、わが身を心にまかせいでおしとめられまらしたことは、いかほど心憂うござったが、そなたの出されさせられたを見たにつけても、いつかわが身の上であろうと思うたれば、嬉《うれ》しゅうはのうて、障子にいずれか秋にあわで果つべきと書きおかせられた筆の跡をげにもと思うて悲しゅう存じた。いつぞやまた召されさせられて今様を歌わせられたにも思い知られてこそござったれ」と。そして仏御前は、三人が出家して念仏に専念していることを知り「娑婆《しゃば》の栄華は夢の夢……年の若いを頼もうずることでもない、老少不定《ふじょう》の世界ならば……一旦《いったん》の楽しみにほこって後生を忘りょうずることの悲しさに、けさまぎれいでて、こうなってこそ参ったれ」といって「かづいたきぬをうちのけたを見れば、尼になって来た」わけであった。そして「このように様《さま》をかえて参ったれば、日ごろの科《とが》をば、許させられい、許そうと思わせられば、もろともに念仏を申して、一つ蓮《はちす》の身となろうず」と言った。

さてこれで「恥」「罪」「科」と出揃ったわけだが、次に「怨」が出てくるから、まずそれへと進もう。「妓王まことにそなたのこれほどに思いあるとは、夢にも知らいで、うき世の中のあさましさはわが身をこそ憂《う》しと思おうことじゃに。ともすれば、そなたのことがうらめしゅう、往生の素懐《そかい》をとぎょうずることもかなおうともおぼえず、今生も、後生もなまじいにし損じた心地であったに。このように様をかえておじゃったれば、日ごろの怨みはつゆ、ちりほども残らぬ……われらが尼になったことを世にありがたいことのように人も言い、わが身にも思うたが、これは身をうらみ、世を怨みてのことなれば、様をかうるもことわりじゃ」しかし仏御前は、そうでないのに出家したから、私よりはるかに偉大であると彼女はのべ「……四人一所《いっしょ》に籠《こも》って、朝夕仏の前に花、香《こう》をそなえて、余念ものう後生を願うてついに無事に終ったと、申す」

以上でこの挿入と思われる「一章」は終る。

まず最初に前に引用した、妓王の母親のいう「深い罪」へと進もう。この場合、もし妓王が身投げを強行したら、それこそ典型的な一家心中ということになる。母とじがこれをとめるわけだが、彼女はもちろん清盛のように相手に命令を下しその行動を指示する権利があるとは考えていない。すなわち親であっても「施恩」の権利の主張をせず、ただ妓王に「受恩の義務」を示唆しただけである。これは示唆にすぎない、従って妓王はこれを無視することも拒否することもできるのである。事実、自殺は命令や威嚇《いかく》でとめることはできない。「自殺をやめねば殺すぞ」などという言葉はそれ自体が無意味である。そしてこの場合とじの言葉は要約すれば「受恩の義務は、最も強い拘束力をもった規範のはずである。従って、これをやめさすものは、最も強い拘束力をもった規範のはずである。だがその義務を拒否して人を死に至らしめたら、これが最大の罪だぞ」ということである。

このとじの「罪」の規定、それに基づく妓王の罪の意識はこの点、非常に明白であり、これは重盛のもつ罪の意識と変らないであろう。いわば「施恩の権利は主張してはならない、しかし受恩の義務は存在する、そして受恩の義務を守らないことは罪である」と。いうまでもなく、罪の意識は、人にある行動をとらせ、またある行動を拒否させる、その人のもつ意識であって、他人の命令ではない。従って「受恩の義務」の遂行の拒否に罪の意識をもたないものには、その意識を自覚させる以外に、その義務を遂行させる手段はない。さてそうなると、この「罪の意識」が皆無の清盛は、この世で最も罪深い人間ということになる。彼は「施恩の権利」を主張しながら、「受恩の義務」は常に拒否している。これが、まさに「人をも人と思わぬ罪」の定義となるであろう。一方「科《とが》」は、積極的に「受恩の義務」を拒否したわけではないが、さまざまな事情でこれが遂行できなかった状態となるわけである。少なくとも仏御前は、この言葉をそのような意味に使っている。彼女は確かに妓王に対して「受恩の義務」がある。しかし、ずるずるとその義務を実行しないできた、そのため「科の意識」にさいなまれて異常に不安な状態にあり、そういう状態にない妓王が「あまり羨しゅうて、常にいとまをこいまらしたれども」清盛がこれを許さないので、逃げ出してやってきたわけである。確かに「年の若いを頼もうずることでもない、老少不定の世界ならば、だれとても定めがない」という意識をもっていたであろうが、しかし、彼女が、妓王によって招じ入れられながら妓王を追い出す結果となり、「受恩の義務」とは全く背馳《はいち》することをつづけて来たという「科の意識」が、以上の意識を持たせたことも否定できまい。そうでなければ、この物語は成り立たない。

そして、以上のような基準は当然「怨」を生み出すであろう。なぜかといえばすべての人間に「権利の主張」を認めないことによって成り立っている世界はそうならざるをえないからである。この世界に「人をも人と思わぬ」者すなわち「施恩」の権利を主張し「受恩の義務」を否定する者が出現すれば、だれも彼に対抗はできないからである。行なえることといえば「受恩」の義務を示唆し、その義務を遂行しなければ「罪」だといえるだけである。だが妓王は清盛にも母とじにも、受恩の義務を示唆できる立場にない。ただ一人、これを示唆できる相手があるとすれば、それは仏御前のはずである。従って彼女の「怨」は、清盛でもなく母でもなく、それを無視しているように思われる仏御前に向かうわけである。ところが、それは思い違いで、仏御前が常にこの「受恩の義務」を思いつづけていたことを知って「日ごろの怨みはつゆ、ちりほども残らぬ」ことになったわけである。そして四人は出家して、共に「救い」をえたわけであろう。

これはまことに現代離れした物語のように感じられる。だが私は、これとほぼ同じ「救い」を石牟礼道子氏の、水俣病《みなまたびょう》患者の巡礼を記した一文『晴れやかなわらい』に見るのである。全文を引用させていただきたいが、長くなるので、不本意ながら一部だけを引用させていただく。

　存在が沈み、言葉だけが浮揚する時代。

　文字をあやつったり、読んだりしなくては生きてゆけぬものたちが、あわれにユーモラスであるのは、自他の存在点から浮上して放れ去る言語世界に、おのれの意識を、ろくろ首のようにうようよと泳がせているありさまである。（中略）

　知識人や権力は、下層のものたちが、ひとなみに時々ものを言ってみせたりすると意表をつかれ、憎悪するか、逆にへっぴり腰の幻想を抱いたりする。水俣病患者たちのさまざまの発言は、そのような階層の意識を計るには、まことによいメーターとなった。いずれにしろ、いんぎんぶれいな表現をとることに変りはない。

けれども、ほんとうはものいわぬ民など居はしないのである。そのように規定されているものたちの世界が、いかに豊饒《ほうじょう》で多彩で象徴的な表現力をもち、生気にあふれていることか。ろくろ首の意識世界は、それ自体が自閉されているから、容易には、そこをのぞくことも、これにまじわることもできないのではあるまいか。（中略）

八月の東京に、水俣病患者とその家族が、〈かんじん——非人あるいは乞食または勧進《かんじん》——〉を行いにいったことは知られていない。

大阪での、二度にわたる株主総会に出席してみた経験から、いずれの人心の間に出没してみても、ついには救われがたいおのれの魂であることを悟ったにちがいないひとびとが、ただもう、永遠に出没したいためだけに上京したおもむきがあった。（中略）

患者たちは〈行〉を行うに当って、目ざす区域に入ったら告発する会との道行《みちゆき》はじたいしたいこと、つまりデモふうの行進になってはいけないこと、報道関係に知らせないこと、などにとってはいけないこと、を道案内の告発する会に誓わせた。それはひとつの戒律のごときもので、そのようにしないと、水俣からはるばる想い定めてきている一念が破れる、という申し出であった。自分たちの、チッソ幹部の私宅をまのあたりにしてみたいという一念は、水俣病患者だけに許されたものであって、支援者たちがこれに加われば、念力の破綻《はたん》を招くもので

ある、という言外の言葉がそこにあった。（中略）
目ざす区域に入り、家々の門前に立ったならば、門の内に入らず、三歩さがったところの門口に立つ。となえる文言は、家内繁盛の意味をもつご詠歌であり、喜捨《きしゃ》をうけることである。鈴鉦を鳴らしながらまわっているうちに、同町内のひとびとからおはぎやお茶の接待をうけたり、門をとざされたり、警察のお伴がついたり、門の内側からパッと写真をとられたりした。巡礼たちはあわてずさわがず、〈警察の衆〉に、いちいち「ああた方も、ごくろうさまでありますなさいます」と頭を下げ、それらのものたちは、「いつの間にか消えらした」という。
なかなかたいへんに、東京に住んでいる人間というもののさまざまが見られてとてもおもしろかった、と相好さえくずした。
「かんじん三日すれば、やめられんちゅうのは、ほんとうばい。結構、貰《もら》いもあった」由である。

そのことは、念力についたおまけのごときものであったろう。

不思議なことにおもうのは、そのような、チッソ幹部たちに対する患者たちの水俣病結縁《けちえん》の意識である。もしかしたら患者たちは、チッソ幹部たちにたいして、憐憫《れんびん》の情ただならぬのではあるまいか。

支援者たちに対して、そのような申し出をすることは、自分らは、もはや救済などされたくない絶対受難の領域に、意識的にも入りこんだことを宣言しているのではあるまいか。

怨念とやらも量産時代に入ったが、もっとも身近なものたちの中での孤立者、異端者ともなって、わたくしの愛怨の中にいるこのようなひとびとは、晴れやかにひとなつかしい歯並で咲《わら》い、

「チッソのえらか衆にも、永生きしてもらわんば、世の中は、にぎやわん」という。

この「結縁の意識」は、ハビヤンの記した四人の「一つ蓮《はちす》」の意識と同じものであろう。そしてこの末尾の患者の言葉は、四人の生き方と同じものであろう。

では一方「怨」の方はどうであろう。ハビヤンは、たとえ受難者がどのような態度をとり、どのような救いに入ろうと、それと関係なく「怨」はつもりつもって清盛に作用すると考えている。すなわち「受恩の義務」を拒否し、「施恩の権利」を主張して「人をも人と思わぬ」「世を世とも思わぬ」罪を重ねていくと、それによって生じた「怨」が、最後には平家を滅ぼすはずなのである。ハビヤンはこの章の前の「鹿谷の変」と「俊寛」の章の末尾ですでにその結論を記し、それからこの章に移っている。「このように人の思い歎《なげ》きの積《つも》る平家の末はなんとあろうか？　おそろしいことじゃ」と。「四人の救い」は、四人のものであって、それは清盛の「罪」を帳消しにはしない、それなるがゆえに「罪」である、と彼は考えているのである。

第四章　世捨ての権利

「世捨て」の権利

「辞職は、人間が、最近になってやっと獲得した権利であるが古くからある権利でもある」といえば、人びとは奇異に思うかも知れない。しかし、人間が個人の意志で、自分の社会的地位、それに伴う責任と義務および権利を無償で放棄できるようになったのはそう古いことではないし、また現在ですら、世界のすべての国のすべての職種で、この権利が完全に認められているわけではない。たとえば多くの国の兵役である。戦場で兵士が「本日をもって辞職致します」といって去って行けばすべての責任が無償で解除されるかといえば、もちろんそうでなく、逆にさまざまな罪名で処罰される。これは特異な例かといえば必ずしもそうとはいえず、たとえばソヴェトでは、スターリン時代からの中央委員の中で辞職権を行使し得たのは、厳密にいえばミコヤンただ一人であり、その彼とて、さらに厳密にいえば自らの意志に基づく引退《リタイヤ》であっても辞職ではない。これがさらに中世になり、人がその出生とそれに基づく血縁によって社会的身分・地位・責任・義務・報酬等が自《おの》ずから定まっている社会になると、引退でない自由意志に基づく辞職などは、戦場における兵士の辞職以上にありえないことになる。いわば失業したくても、職種転換したくても、それは許されないわけである。

といっても、社会は、大体において、どこかに安全弁を設けていることも事実である。たとえば最も原始的といわれるアメリカ・インディアンの社会では、男性と女性との職業区分ははっきり定まっており、男は狩猟と戦闘、女は耕作・織物・陶器づくりであった。男性は、たとえ戦士・狩人《かりゅうど》という職業にいかに自分が不適格だと感じても、男性たることをやめない限り、辞職も転職もありえない。従って原則として辞職は不可能である。だが面白いことにツーニ族では、男性を「廃業」すれば、戦士・狩人を辞職して、ついで女性に「就業」すれば、耕作・織物・陶器づくりという職業につくことが許されるのであった。だが誤解してならないことは、このことは今のいわゆる性の転換とは全く無関係であって、「女性なり」という表示をしてその仕事につけば、それで十分だということである。

さらに注意すべきことは、それによってその男性は、社会的・個人的な名誉は全く失わず、何の偏見ももたれずにベルダック（男→女）という社会的地位につき、女装と女の髪型をし、声や言葉や礼儀・物腰を女性の通りにし、女性の仕事に従えばよいということである。このことは、ウェワハという名の勇敢な戦士の、典型的な例に残されている。彼、いや彼女は、かつてはツーニ族きっての豪勇の士で、非常に背が高く、肉体的にも精神的にも最高の勇者であり、戦士として立派な経歴をもっていた。ところが何かの動機で彼は急に戦士・狩人がいやになり、ベルダックになってしまった。そして女性としても、織物にも陶器づくりにも第一級の技能を発揮したが、この女性としてすごしている間も、彼の男性としての経歴も常に尊敬されつづけ、死後は男性の墓に葬られて、立派な墓標がたてられた。このことは、彼がその尊敬を女性としての生涯においても保ちつづけたことを示している。読者はここで、おそらく熊谷《くまがい》次郎直実《なおざね》を連想されるであろう——ベルダックを一種の出家のようなものと解するならば——。彼も、たとえ出家しても、またその髪型（?）、服装、物腰、仕事、社会的地位がかわっても、武士のときの尊敬を生涯もちつづけ、死後までそれをもちつづけた点でも似ている。またベルダックはベルダックのゆえに軽侮されることはなく、むしろ逆で、「ベルダックまさりの女性」という言葉は、女性への最大の讃辞《さんじ》なのである。

奇妙な例をひき出したが、これがおそらく辞職という概念の最も原初的な形態だと思うからである。その人間が、自らの発意で、性別といういかんともしがたい区別に基づく宿命的とさえいえる社会的任務をも辞退しうる、しかも全く何の支障もなく何らきずつけられることもなく辞退しうること、これが辞職の神髄であろう。と考えると、今の世界で、これだけの辞職権が保証されているのは、果たして人類の何パーセントであろうか。どうも人間は、こういう面では一直線に進歩しているとはいいがたいようである。

以上のような観点から、ハビヤンの『平家物語』の世界を見ると、その「人間相互債務論」に基づく「受恩の義務」の世界、この義務の拒否が「罪」と規定されながら、何ら権利が主張できない世界に一つの辞職の権利が認められていることに気づく。いわば「世を世とも思わぬ」罪を犯している者に対して、その「世を捨てる」と宣言しうる権利である。辞職の権利という言葉が成り立つなら、これは「世捨ての権利」とでも言うべきであろう。清盛に対して、まずこの権利を主張して対抗するのが、その弟の門脇《かどわき》中納言である。その部分を説明を加えつつ引用してみよう。

まず成親《なりちか》が逮捕され、つづいてその子少将へと逮捕の手がのびる。ところが清盛の弟、門脇の宰相《さいしょう》（門脇中納言）は彼の舅《しゅうと》にあたる。従って宰相は、自分の女婿を少しでも助けようと、自らの車に彼を乗せて西八条へ向うわけである。しかし清盛は少将を中に入れさせず、宰相だけを門の内に入れさせたが、彼にも直接会おうとはしないので、彼は季貞《すえさだ》を通して次のように清盛に申し入れた。

「よしないものに親しゅうなって、くやしゅうござれども、今さら甲斐《かい》もなし。相具《あいぐ》しさせてござるもの、このほどは、なやむことのござったに、けさよりこの歎きをうちそえては、すでに命も絶《た》ようずる体《てい》と見えてござる。何かは苦しゅうござろうぞ？　少将をばしばらく宰相にあずけさせられい。宰相こうでござれば、なじかは僻《ひが》ごとをさせまらしょうずるぞ」

これに対して清盛は、季貞経由で次のように返事をした。

「成親卿この一門を滅ぼいて、天下を乱らそうずるとくわだてられた。少将はすでに成親の嫡子であれば、うとうもあれ、親しゅうもあれ、えこそ申しなだむまじけれ。もしこの謀叛《むほん》とげられたならば、御辺《ごへん》〔貴殿〕とてもおだしゅうやあろう」と。

理屈からいえば、この清盛の言葉の方が正しいのであって、この謀叛が発覚し、失敗し、関係者が逮捕されたからよいものの、もし成功していたら、この門脇宰相とて、清盛と同じ運命をたどることは、疑う余地がない。従ってこういわれれば、彼にはもう反論できない。従って彼は、いわば辞表をちらつかせつつ、最後の抵抗を試みるのである。

「保元《ほうげん》平治よりこのかた度々《どど》の合戦にもまずおん命《いのち》に代りまらしょうずるとこそ存じたれ、こののちも荒い風をばまず防ぎまらしょうに、たといそれがしこそ年まかりよったりとも、若い子供があまたござれば、一方のおん固めになり奉らぬことはござるまい。それに少将しばらくあずかりまらしょうと申すをお許されないことは、いっこう宰相を二心《ふたごころ》あるものとおぼしめさるるか？　これほどに、うしろめとう思われ奉っては、世にあっても何にいたそうぞ？　今はただ身のいとまをくだされて出家入道して、高野粉河《こうやこかわ》にも籠りいて、ひとすじに後世菩提《ごせぼだい》のつとめを営みまらしょうず。由ないうき世のまじわりじゃ。世にあればこそ望みもあれ、望みのかなわねばこそ恨みもあれ、しかじうき世を厭《いと》うて、まことの道に入ろうずる……」

これをきいてまず季貞が驚き、清盛に向って、宰相はこうまで言っているから、何とかよいよう取計られてはという。「そのとき清盛大きに驚いて、さればとて、出家入道まではあまりけしからぬ儀じゃ。それならば少将をばしばらく御辺にあずけ奉ると、言え」と言って、ついに宰相の言い分を聞いて、望む通りにさせた。そして少将は後に鬼界《きかい》が島に流されるが、また赦されて都にもどるわけであるから、いずれにしてもこの門脇宰相の、辞職をちらつかせての抵抗には大きな力があったわけである。

おそらく読者は、この物語に「理解しかねる」といった感じの違和感を感じないであろうし、また、外面的には違っても、その内容において殆《ほとん》どこれと変らない事件は、今日の日本でも数多く起っていることと思われる。だがこういった行き方が、同時代の世界の多くの国で果たして許されたであろうか。否二十世紀の中国、アラブの諸国、あるいはソヴェトで果たして起りうるであろうか。叛乱《はんらん》という事実そのものは、否定の余地がないのである。この場合、前記の国々で行われ、今もなお行われている原則は、門脇宰相は、自分への嫌疑を避けるため、逆に少将への極刑を主張するか、最大限に好意的に振舞っても、自分への嫌疑を恐れずに、自らこの件に一切タッチしないということであろう。

またこれに対する清盛の態度を、西欧の暴君、母親殺し弟殺しのネロから、息子殺しで、おそらくスターリン以上に多くのものを粛清したと思われるイワン恐怖帝に至るまでの「暴君列伝」と比較してみると、まさに別世界の出来事としか思えない。彼の態度は、西欧における同時代およびそれ以後の最も人道的な独裁的主権者よりはるかに人道的であるといえる。そして、どちらから見ても彼は残忍とも偏執狂ともいえず、この点では頼朝《よりとも》にまさっている。といっても清盛は、絶対に日本教の聖人ではあるまい。否、少なくともハビヤンは彼を一種の暴君と見、罪をおかした者と見ている。さらにまた、彼に、この門脇宰相の申し出を拒否する力がなかったわけでもない――これは重盛の場合も同じだが――。おそらく彼には、「世捨ての権利」を発動されたら、何としてもそれに抵抗できない何かがあったはずである。一体それは何であろうか。それは「世を世とも思わぬ」罪が存在する世界にのみ存在するその世界を拒否する拒否権——発動する方には——のような権利であろう。だがその権利を追究する前提として、ここでまず、「世捨て」と根本的に違う「流罪《るざい》」を検討しなければならない。

絶対化された血縁の世界

自らの決断で「世を捨てる」ということは、おそらく単なる隠退ではなく、もちろん逃避でもなく、一つの抵抗であり、この抵抗が反論や抗議よりもはるかに強く相手に作用し、相手にとっては、現在の言葉でいえばおそらくは「不信任宣言」以上であったと思われる。従ってこれを行った者は、勇気ある者として賞賛されても不思議ではないわけだが、この背後にあるものは、施恩・受恩の絶対化と、その基礎となる血縁関係の絶対化であろう。巻一第七の「成親卿と、その子少将流罪に行われたこと」から、第十二の「有王《ありおう》鬼界が島に渡って、俊寛《しゅんかん》にあい、俊寛死去せらるれば茶毘《だび》をして、その遺骨《ゆいこつ》を首にかけ、都へかえりのぼり、方々《ほうぼう》修行して、その後世《ごせ》をとむろうたこと」にわたる六章に表われた、血縁関係の絶対化は、おそらくパードレを驚かしもし、またあきれさせもしたであろう。というのは、まるで男女の差が絶対であるごとくに、ここでは血縁が絶対だからである。そして、この流罪という刑罰の根本が、「血縁からひきはなす」という刑罰だから血縁の絶対化を前提にしない人には、一体なぜこれが刑罰として効果があるのか、またこの刑をうけた人がなぜそれを苦しみとするのか、少々理解しかねたであろう。まして、西欧から東の端の島まで伝道に来ている者には――。というのは、鬼界が島に流されたといっても、これは他の国の謀叛人には考えられない厚遇で、別に牢獄《ろうごく》に入れられたわけでもない。もちろん島の一般人よりはるかに良い生活をしていたであろうことは「また鬼界が島の流人《るにん》どもは露の命を草葉の末《すえ》にかけて惜しもうずるではなけれども、少将の舅《しゅうと》平宰相《へいざいしょう》の知行《ちぎょう》肥前の国鹿瀬《かせ》の庄《しょう》から衣食をつねに送ったれば、それをもって俊寛僧都《そうず》も、康頼《やすより》も命を生きてすごされた」で明らかである。従って見方によっては隠者・隠退者とかわらず、従っておそらく瞑想《めいそう》には最適で、こういう生活なら、自ら志願したいという人間があって少しも不思議でないように思われる生活である。まして僧ならば――。

しかし三人ともまるで地獄におちたように苦しんでいるが、その苦しみの描写がすべて、少々うんざりするほどのくりかえしで語られる、血縁との関係を断たれた苦しみであり、始めから終りまで、ただそれだけなのである。その精神状態は、血縁を絶対化していない者にとっては、ただただ異常という以外になく、また西欧的な意味での、宗教的な救いを求めたという要素も皆無なのである。また国家とか天皇とかいったものへの忠誠も皆無であり、だれ一人として「天皇家（法皇）のために身を犠牲にした」といった信条で自らを維持している者もない。ハビヤンにもこういう考え方が皆無のことは、康頼の卒塔婆《そとば》流しを、いとも単純に蘇武《そぶ》の雁書《がんしょ》と比べて、両者を全く同一視しているのでもわかる。言うまでもなく、この二つは全く別である。では次に該当の部分を順次に引用して行こう。

まず「第七」の成親が以下の通りである。都からの出発にあたって「いま一度重盛にあい奉りたいと、言われたれども、それもかなわなんだによって、たとい重科《じゅうか》をこうむって遠国《おんごく》へ行くものとても、人一人《ひといちにん》身にそえぬことがあるかと言うて、車のうちでかきくどかれたれば、守護の武士どももみな鎧《よろい》の袖をぬらいてござる。西の朱雀《しゅしゃか》を南へゆかるれば、大内山をも今はよそに見られ、としごろ見なれ奉《たてまつ》った雑色《ぞうしき》、牛飼いまでもなごりを惜しゅうで、涙を流し、袖をしぼらぬはなかったれば、まして都に残りとどまらるる北の方、幼い人びとの心のうちはおしはかられてあわれな……」。ついで乗船となると「もしこの辺《へん》にわが方様《かたさま》の者やある、船に乗らぬ先に言いおこうずることがある、たずねて参らせよ」といったが、だれひとり名乗り出ないと「成親卿涙をはらはらと流いて、さりともわが世にあったほどは、したが（い）ついた者ども一、二千人もあろうずるに、今はよそながらもこのありさまを見送る者のないことの悲しさよとて、泣かれたれば、猛《たけ》いもののふ〔武士〕どもも、みな袖をしぼらぬものはなかった」。

次に船で大津へ来たときに、備前の児島《こじま》へ流罪がきまったと使者が来る。すると「成親卿さしもかたじけのうおぼしめされた君にも離れ奉られ、つかのまも去りがとう思われた北の方、幼い人びとにも別れはてて、こはいずちへ行く身ぞ？　一年《ひととせ》山門の訴訟によってすでに流されたを君惜《きみ》しませられて、西の七条より召し帰されたが、これはされば君のおん誡《いまし》めでもなし、こは何としたことぞと天に仰ぎ、地に伏し、もだえこがれられた」。不思議なのはこの神経である。彼には、無謀な謀叛という自分の計画とその一部実施が、法皇はじめ他の人びとにどういう影響を与え、それについては自分にどれだけ責任があるかといった発想は皆無で、ただ家族しか念頭になく法皇はただ自分を助けうるかも知れぬというだけの存在なのである。

やがて配所につく。そのころ、忠実な信俊《のぶとし》という侍が、北の方《かた》に向って信書を成親にとどけるというと「北の方なのめならず喜うで、やがて書いて出された。幼い人びとも面々《めんめん》に文《ふみ》を書いて信俊に渡された」。それをもって配所に来ると「成親卿はただ今しも都のことを言いいだいて、歎きしずんでいらるるところに、京より信俊が参ったと、申したれば、夢かと言うて、聞きもあえず、起きなおってこれへ、これへ……ようようとして北の方のおおせられたることどもをこまごまと申して、お文をとりいだいて参らするに、これをあけて見らるれば、筆のあとは涙にかきくれて、そこはかとは見えねども、幼い人びとのあまりに恋い悲しまるる体《てい》わが身もつきせぬもの思いにたえ忍ぶびょうもないと書かれたれば、日ごろの恋しさはことのかずでもないと言うて、悲しまれた」。

一方その子の少将の方には、清盛のいる福原から使者が来る。「少将も泣く泣くいでたたれたれば」女房たちは、またもや門脇宰相に何とかしてくれと泣きつく。宰相は「存ずるほどのことをば申しつ、世を捨つよりほかは今は何ごとを申そうぞ」である。そこでまた長い長いうんざりする愁嘆場があり、彼はまず備前の有木《ありき》に流される。するとそこと成親の配所備中の瀬《せ》尾《お》との間は「わずか五十町に足らぬところであれば、少将吹きくる風までをもなつかしゅう思い」何としても行きたいと思ったが、巧みにとどめられ「そののちは恋しけれども、問いもせられなんだと申す」。

ついで彼は康頼・俊寛とともに、鬼界が島に流される。三人はただ都に帰ることのみ祈って、他は全く念頭にない。ある山の形が那智《なち》山に似ているところからこれを熊野権現《ごんげん》と仮定し、専《もっぱ》ら「熊野詣《もうで》のまねをして都へ帰るようにと祈られた」。そして千本の卒塔婆《そとば》に、「薩摩潟《さつまがた》沖の小島にわれありと　親にはつげよ八重の塩風」「思いやれしばしと思う旅だにも　なおふるさとは恋しきものを」の二首を書いて海に流した。やがてこれの一本が厳島《いつくしま》に打ちあげられ、「康頼が老母の尼公《にこう》、妻子ども」ついで法皇、重盛、清盛の順に見せられる。そして「……清盛も岩木《いわき》でなければ、さすがにあわれと思われたと、きこえてござる……京中の上下老いたも、若いも鬼界が島の流人《るにん》の歌と言うて、口ずさまぬはござなかったと申す」となる。

だが前述のように、まことに奇妙なのは、ハビヤンがこれを蘇武とひきくらべ「唐《もろこし》の蘇武は書を雁《かり》のつばさにつけて故郷へ送り、日本の康頼は波の便りに歌を故郷に伝えた。あれはただ一筆《いっぴつ》のすさみ、これは二首の歌、かれは上代、これは末代。胡国《こくに》、鬼界が島の境をへだて世世《よよ》は変われども、風情は同じ風情であった。まことにふ（し）ぎなはかりごとでござる」としていることである。

蘇武の物語は、いわば人間の忠誠《フエイス》（信仰）の物語であり、「……親にはつげよ……」でもなければ「……ふるさとは恋しき……」でもない。蘇武の一族は、漢の王朝から絶対に厚遇されていないし、彼自身もいわば忘れられ捨てられた存在である。しかし忠誠《フエイス》とは、元来、自分自身のあり方を自ら定める「自己規定」で、その自己規定に自己の存在理由を見出《みいだ》すのだから、厚遇されようと冷遇されようと、忘れられようと捨てられようと、一切関係ないし、それが人に知られようが知られまいが、報いられようが、報いられまいが一切無関心という「絶対的忠誠」を示した物語のはずである。とすると、鬼界が島の三人とこの二首の歌は、全然それとは関係はない。ではハビヤンは、蘇武の物語を誤解しているのであろうか？

　彼はこの物語において、蘇武のことを短く要約している。その一部を引用しよう。「……蘇武という者を大将で、五十万騎《ぎ》を向けられたれども、なお漢の軍は弱《よお》う、胡《えびす》の戦いは強《こお》うて官軍はみな滅びて、兵《つわもの》六千人あまり生け捕られた。その中に大将蘇武をはじめとして、宗《むね》との兵を六百三十人ほどすぐりだいて、いちいちに片足を切って追放《おっぱな》いたれば、すなわち死する者もあり、ほどを経て死ぬる者もあった。その中に蘇武ばかりは死ないで、片足ない身となって、山にのぼっては木《こ》の実を拾い、春は沢べの根芹《ねぜり》をつみ、秋は田づらの落ち穂を拾いなどして露の命をすごいた。田にいくらもあった雁《かり》どもも蘇武に見なれて恐れなんだところで、蘇武これはみなわが故郷へ通うものじゃとなつかしさに、思うことを一筆《ひとふで》書いて雁のつばさに結びつけて放いたに、かいがいしゅうもこの雁がその文を受け取って、漢の昭帝と申した帝王おん遊びなさるるに、夕暮れの空うすぐもって、何とやらものあわれなおりふし、一行《ひとつら》の雁《かり》がとび渡った。その中に雁《がん》一つとび上がって、おのれがつばさに結びつけた玉章《たまずさ》をくい切って落《おと》いたを、官人《かんにん》これをとって、帝《みかど》へ奉ったれば、開いてごらんなさるるに、昔は岩のほらにこめられて、三年の愁嘆をおくり、今はいかにもひろい田のうねに捨てられて、足一つの身になってござる。屍《かばね》は胡《こ》の地に散らすというとも、魂はふたたび君のほとりにつかようずると、書いた」。そこで救出作戦となり「このたびは、漢の戦いが強うて、胡国の軍《いくさ》がやぶれた。味方戦い勝ったと、聞いたれば、蘇武は広い野の中から這《は》い出て、これこそ古《いにし》えの蘇武よと名のって、十九年の春《はる》秋《あき》を送って、片足は切られ、輿《こし》にかかれて故郷へ帰った……」。

細かい日本的潤色はどうでもよい。だが、ここでは忠節の人、いわば絶対的忠誠心の象徴が、望郷の人にかえられているのである。こう変えてしまえば、蘇武と鬼界が島の流人とが、同じになっても致し方あるまい。中国的な国家への忠誠も、ハビヤンの時代にはまだないのである。もっとも日本人は、それを必要としない世界に住んでいたから、それが当然ではあるけれども——。

日本教における「忠誠」

では、日本教には忠誠《フェイス》は皆無であろうか。もちろんそうではない。この登場人物はすべて、「血縁と擬制の血縁関係」には絶対的に忠誠なのである。これが「受恩の義務」の世界の前提であろう。主人と郎従の関係も擬制の血縁関係であり、成親を送るものが一人もいないことは「受恩の義務」を拒否した者として、ハビヤンはこれを内心で非難し、成親の悲しみを当然としている。一方、単なる召使いでありながら、血縁ある者の如くに行動した者を、彼は心から賞賛している。そのことが明確に出ているのが、「第十二」の有王《ありおう》の鬼界が島訪問とそれを迎えた俊寛の態度である。これは大変に興味深い章であるから、次にその概略を引用しよう。

「鬼界が島へ三人流された流人《るにん》、二人は召しかえされて、都へ上《のぼ》ったに、俊寛一人うとましい島の島守《も》りになって果てられた。俊寛の幼《おさの》うより不便《ふびん》にして召し使われた童《わらわ》があったが、名をば有王と申した。鬼界が島の流人きょうすでに都へ入ると、きこえたれば、鳥羽《とば》まで出向うて見たれども、わが主《しゅう》は見えられず、何と〔なぜ〕と問えば、それはなお罪が深いと言うて、島に残されたと聞いて、悲しゅうだはこともおろかじゃ。つねは六波羅《ろくはら》の辺にたたずみ歩いて聞いたが、赦免《しゃめん》あろうとも聞き出さなんだによって、俊寛の娘のしのうでいられた所へ参って、この瀬にももれさせられてのぼさせられねば、なんとぞしてかの島へ渡って、おんゆくへをもたずねまらしょうと存ずる。お文《ふみ》をもくだされいと、申したれば、泣く泣く書いていだされた。いとまをこうとも、よも許すことはあるまいと思うて、父にも母にも知らせいで、三月の末に都を出て……薩摩潟へくだった。薩摩からかの島へ渡る船津《ふなつ》で人があやしめて、着たものをはぎとりなどしたれども、少しも後悔をもせず、かの娘の文ばかりを人に見せまいとて、髻《もとゆ》いの中に隠《かく》いたと、申す」

そして鬼界が島につく。だれにきいても俊寛の消息はわからない。そして浜辺へ出てきたとき、変り果てた俊寛との劇的な対面が起る。

「ある朝磯《あした》の方《かた》からかげろうなどのようにやせ衰えた者がよろぼい出たを見れば、もとは法師であったとおぼえて、髪は空様《そらさま》へ生《お》えのぼって、よろずの藻屑《もくず》がとりついて、おどろを戴《いただ》いたようで、つがい目もあらわに、皮もゆたい、身にきたものは絹、布の分けも見えず、片手には荒海布《あらめ》〔コンブの一種〕を拾うて持ち、片手には網人《あみうど》に魚をもろうて持ち、歩むようにはしたれども、はかもゆかず、よろよろとして来た。都であまたの乞丐人《こつがいにん》〔乞食《こじき》〕を見たれども、このような者をばまだ見たことがない。もし餓鬼道にたずねて来たかと思うほどに、かれもこれもしだいに歩み近づく。もしこのようなものもわが主《しゅう》のおんゆくえを知ることもやあろうかともの申そうと言えば、何ごとぞと答ゆるに、これは都から流されられた俊寛という人のゆくえを知ったかと、問うに、童《わらわ》は見忘れたれども、俊寛はなぜに忘りょうぞなれば、これこそそよと言いもあえず、手に持ったものを投げ捨てて、すなごの上に倒れ伏された。さてこそわが主《しゅう》のゆくえとも知ってあったれ、さなくんば、思いもよるまい。やがて消えいられたを膝《ひざ》の上にかき伏せ奉り、有王が参ってござる……」

俊寛にはすぐにはこれが信じられない。そして「ややあって少し人心地ができて、たすけ起されて、まことに汝がここまでたずね来る志のほどは、近ごろ神妙《しんびょう》な。あけても暮れても、都のことのみが思い出され、ゆかしい者どもが面影を夢に見る折りもあり、まぼろしにたつ時もあり。別して身もつかれはててのちは、夢も、現《うつつ》も思いわかず。さればその方《ほう》が来たことも、ただ夢とばかり思う。もしこのことが夢ならば、さめて後は何としょう……」という。ついでいろいろと語りあうが、この反乱の主謀者の一人は、京都の政局、法皇の動向などには奇妙なほど無関心で、肉親の安否だけしか念頭にない。

考えられぬほどの苦しみ、都にもいないようなあわれな「乞匃人《こつがいじん》」の姿になっても、なおこの僧であり、かつ大胆な反乱の主謀者である彼が生きつづけてきた理由は何か。それは蘇武の忠誠でもなく、何としてももう一度立ちあがって、自分をこのような運命に陥れた清盛を打倒しようという執念でもなく、ただただ、もう一度、子供の顔を見たいという、それだけなのである。彼はそれに支えられて生きており、またそれがあるがゆえに「世を捨てる」ことができない。そしてそれにつづく有王の報告は、平家打倒、倒れるか倒されるかを覚悟していたはずの彼には、少しも不思議なことではないはずなのに、それを聞いたショックで、彼は死んでしまうわけである。

「……やがて追《つい》ふくの官人《かんにん》が参って、資財、雑具《ぞうぐ》をも奪いとり、身内の人びとをも搦《から》め捕《と》って、御《ご》謀《む》叛《ほん》の次第をたずねてみな失いはたいてござる。北のお方様は幼い人を隠しかねさせられて、鞍馬《くらま》の奥にしのばせられてござったに……幼い人はあまりに恋いこがれさせられて、……すぎし二月に疱瘡《もがさ》と申すことでかくれさせられた。北のお方様はそのお歎きと申し、これのおことと申し、ひとかたならぬ御《おん》思いにしずませられ、日にそえて弱りゆかせられたが、同じ三月二日についに、はかのうならせられて……」。

これが第一のショックだが、ついで娘の手紙に第二のショックをうける。

「その文の奥には、何とて三人流された人の二人は召しかえされてござるに、今までお上《のぼ》りないぞ？　あわれ高いも、いやしいも女の身ほど心憂《う》いものはござない。男子《おのこご》の身でござらば住ませらるる島へもなぜに参らいでござろうぞ？　この有王をお供で急いで上らせられい」と書かれていた。娘がおそらく恋しさの余りこう書いたことを、俊寛は、自分が自らの意志で帰らないと娘が思っていると解して「これ見よこの子が文の書きようのはかないことよ、おのれを供にして急いで上れと、書いたことこそうらめしい。心にまかせた俊寛が身ならば、なぜに三年の春秋《はるあき》をば送ろうぞ？」と嘆く。そしてハビヤンは「人の親の心は闇ではなけれども、子を思う道には迷うことも知られた」と記している。だが実際はわずか三年なのである。

それなのに俊寛は嘆きに嘆き、ついに食を断って死ぬ。「……幼い者もはや先《さき》だったよな？西八条へ出たとき、この子がわれも行こうと慕うたを、やがて帰ろうぞと、すかいておいたが、今のように覚ゆる。それを限りと思うたならば、いましばしも見ょうものを！　親となり、子となり、夫婦の縁を結ぶも、みなこの世一つにかぎらぬちぎりじゃに。なぜにさらばこれらがさように先だったを今まで夢幻《ゆめまぼろし》にも知らなんだぞ？　人目もはじず、いかにもして命を生きょうと思うたも、これらをいまひとたび見ょうと思うためじゃ。姫がことこそ心苦しけれども、それも生き身なれば、歎きながらも過《す》ごそうず、さのみながらえておのれに憂き目を見しょうもわれながらつれないことじゃと言うて、おのずからの食事をもとめて……ついに終られた。年は三十七じゃ……」。

有王はその遺骨をもって娘のところへ帰る。娘は尼になり、有王も出家して共に、死んだ人びとの「後世《ごせ》をとむろうて果ててござる」。これで俊寛の物語は終るわけだが、門脇宰相でも俊寛の娘でも有王でも、「世を捨てる」ことが「後世をとむらう」ことと不可分になっている。門脇宰相は、前述のように福原から使者がきて少将が出発するとき、女房たちの歎願《たんがん》に対して清盛には言うべきことは言った、「世を捨てる」と言った以上、それ以外にもう言うことはない、と言ったわけだが、それにつづいて「されどもたといいずくの浦にござるとも、わが命のあろう限りはとむらい奉ろうず」とつづけている。「後世を願う」とか「後世をとむらう」という言葉は輪廻転生《りんねてんしょう》から来た言葉ではあろうが、ハビヤンの描く『平家物語』の世界の人びとは、すでに、明らかにその世界に生きていない。そうではなく、血縁関係と擬制の血縁関係を絶対化して、それを死後にまで延長しているのである。これは俊寛の「……みなこの世一つにかぎらぬちぎりじゃ」という言葉にも表われているが、こうなると血縁はすでに抽象化された一つの理念《イデー》として、人間の思考と生活を支配してしまうであろう。

すなわち死後の審判とそれに基づく天国地獄を想定してそれを逆にこの世界の倫理的規範にしているのでもなければ、死後の転生を現世に還元してそれで自己の世界を規制しているのでもない。ただ血縁関係を死後にまで延長し、死後もそれが存続するという想定を現世に還元し、それで、現世の秩序を規制しているのである。従って「世を捨てる」「後世をとむらう」は、現実の秩序から自分を切りはなして、死者との血縁関係に生きるということになる。このことは、現実の血縁関係がすでに抽象化されて絶対的な規範になっていることを示すことにほかならない。従ってその絶対的規範に従うことを門脇宰相が「まことの道に入ろうずる……」と言っていることも不思議ではない。またそうでなければ「世捨て」は一つの権利の行使にはならない。

このことは、最初に引用したツーニ族と対比し、また同所に引用した熊谷次郎直実のことを考えてみれば、だれにでも明らかであろう。ハビヤンの『平家物語』の血縁のごとくに、ツーニ族における男女という性別は、すでに、その実体を規定する概念でなく、一つの抽象化された理念《イデー》として、その社会を規定しているわけである。そしてその理念《イデー》は絶対化しているから、男性は、その「理念《イデー》の女性」となることによって、現実には不可能のはずの「男性を捨てる」こと、「男を辞職すること」が可能になるのである。同じように血縁は実際には切ることはできない。従って中国人は「三たび諫《いさ》めて」もきかれないなら「号泣してこれに従う」と規定して、主君との関係と分けたわけである。しかし、これを絶対化・理念化すると、死者との結縁を維持しつづけることによって、現実の世界の本当の血縁が絶てるわけである。すなわち「理念の女性」となることによって「現実の男性」が否定できるのと同じように、死者の結縁で「世捨て」ができることになってくる。そしてそれを行うことが一つの権利として認められていることが、逆に、その社会における「男女の差に基づく秩序」が絶対的であることを示しているように、「世捨て」の権利が認められていることは、血縁関係がすでに理念として絶対化した世界すなわち「施恩」「受恩」「人間相互債務論」の世界が絶対化されていることを示しているにほかならない。

　これを見ると、一見相反するように見える俊寛や成親や少将の「血縁のみ」の生き方と門脇宰相の「世を捨てる＝清盛との血縁を絶つ」という生き方が、否さらに清盛・重盛の生き方も前回の妓王・仏の生き方も、実は、同じ世界の一つの原理を基にしていることがわかる。

第五章　叛逆《むほん》の意味

謀叛という行為

いずれの民族であれ、人びとは、平穏に日常生活を送っているときには、その生活形態が、いかなる思想に基づいて構成されかつ運営されているかを自覚することはない。これは古代人でも現代人でもおそらく同じであって、定められた日々の日課の循環のうちに歳月が過ぎて行けば、人は何も検討しないし、検討する必要もない。また改まって、何かの思考の結果に基づいて自覚的に決心をし、その決心に基づいて詳細な計画をたてることもない。だがしかし、人が、既存の秩序に反乱を起そうと決心したなら、否応《いやおう》なしに、改まって、何かを考え、かつ自覚的に何かを決心しなければならないはずである。従って「非合法」の反乱は逆に、その時代の人びとの考え方の基本を、鮮明に表に出すはずである。

この場合、特に注目すべきものは「動機」と「計画」であろう。動機は必ずしも原因ではない。反乱の原因はいずれの社会にも潜在しているが、多くの場合、秩序自体が変身してその原因を吸収していく。そして実際にはこのケースの方が圧倒的に多いことは、資本主義・社会主義両国家群のこの半世紀の変貌《へんぼう》の跡をたどるだけで明らかである。従ってある状態が秩序自体の変貌になるか反乱になるかの差を、いわゆる「原因」特に現代ではすべてを解明できる「魔法のきめ手」のように思われている「経済的要因」に求めることはできない。またその「計画」はあくまでもその社会に現実に存在する秩序をもとにし建てられねばならない。虚構の「たてまえ」を基に反乱の計画をたてれば、それはその時点においてすでに失敗だからである。

反乱いわゆる「謀叛《むほん》」の大部分は、昨日までその友、部下、同盟者であった者、いわば「味方」が、不意に「敵」になる状態であり、従って起す方にとっても起される方にとっても「裏切り」であることは否定できない。そして「裏切る側」には常に、何らかの明確な決心と自己正当化があり、そして動機からそれに至るまでに、長い躊躇《ちゆうちよ》・逡巡《しゆんじゆん》・懊悩《おうのう》・不安動揺があるのが普通である。従ってその跡をたどれば、その民族のもっている「義」という概念の大略が解明できるはずである。

ではいったい「日本教の義」もしくは「正義」という言葉は、いかなる意味内容を含むのであろうか。人はいかなる行為を「義にかなう『正当な行為』」と見、いかなる行為を「義にかなわない『不当な行為』」と見ているのであろうか。否、少なくともハビヤンはこの基準をどのように見、それを、どのようにパードレに説明し、理解させようとしているのであろうか。ハビヤン版『平家物語』には、「謀叛」という名の記述が八ヵ所ほどあるが、その全部が「裏切り」という形の「謀叛」ではなく、中には「巻第三の第一　木曾殿の由来と、平家に対して謀叛をおこされ……」の章のように、謀叛というより「正々堂々たる挑戦」というべき場合もあり、それ以外にも以下に記すようなさまざまなケースがある。そして興味深いことは、ハビヤンがこれらすべてを一括して「謀叛」と記し、分類していないことである。

まずハビヤンの記す木曾殿の場合はどう考えても通常いわれる「謀叛」の部類に入らない。それは次の記述から明らかであろう。「……まずその木曾殿はそのころ信濃《しなの》の国におじゃってござる。その父義賢《よしかた》は武蔵の国で悪源太《あくげんた》に討たれられたが、そのとき木曾殿は二歳であったを母御《ははご》が泣く泣く抱いて信濃の国へ越して兼遠《かねとお》という者がもとへ行って、いかにもしてこれを育てて、人に成《なら》いてお見せあれと、言われたれば、兼遠受け取ってかいがいしゅう二十余年養育して、ようよう人となららるるにしたがって、力も世にすぐれて強う、心もならぶ者がなかった。つねはいかにもして平家を滅ぼして世をとろうなどと、言われたれば、兼遠大きに喜《よろこ》うでそのためにこそ君をばこの二十余年養育しまらしたれ、こうおおせらるるこそ、まことに八幡《はちまん》殿のお末《すえ》とはおぼゆれと申したれば、木曾はいよいよ猛《たけ》うなって国中《こくちゅう》のつわものを語ろうに、一人《いちにん》もそむくはござなかった」と。これは通常いわれる「裏切り」「謀叛」ではないから、躊躇・逡巡・懊悩・不安動揺は当然にない。いわば、木曾殿は、もの心つくと同時に、正々堂々と平家に宣戦布告しているわけである——たとえ平家がそれに取りあおうと取りあうまいと。

従ってここでまず、ハビヤンにとっては同一であった「謀叛」という言葉を、一応、「叛逆《はんぎやく》＝陰謀的謀叛」と「反乱＝挑戦的謀叛」にわけて考えてみよう。このうち純然たる謀叛はもちろん前者だけだが、この「陰謀的謀叛」も次の三つに分けられる。一つは平家打倒の積極的な意志をもつ「陰謀」であり、もう一つは、平家の没落を見越しての、秘やかな背反である。後者の典型的な例は「巻第三の第五　木曾軍《いくさ》の評定《ひょうじょう》をして比叡《ひえ》の山を語らわるれば、すなわち比叡の山も木曾にくみし、平家にそむいたこと」だが、これもまた「そむく」ではあっても、積極的な謀叛とは言いがたい。次にその記述を引用する。

「木曾は越前の国府について合戦の評定をせらるるに、今井、高梨、そのほか歴々の者ども百人ばかり前になみすえて、木曾殿の言わるるは、われらが都へ上ろうずるには近江の国を経てこそ上ろうずるに、例の山法師《やまぼうし》の憎さはまた防ぐこともあろうず、蹴破《けやぶ》って通ろうことはやすけれども、平家こそ当時は仏法を滅ぼし、僧をも失え、それを守護しょうために上洛《じょうらく》する者が、大衆《だいしゅ》に向うて合戦をするならば、少しもたがわぬ二の舞であろうず。これこそ安大事《やすだいじ》のことじゃが何としょうぞと、言われたれば、覚明《かくめい》が進み出て申したは、もっとものおおせじゃ。さりながら三千の衆徒《しゅと》でござれば、必定《ひつじょう》一味同心することはござるまい。みな思い思いにこそござろうずれ。まず御状を送らせられてごらんなされい、とのようは返札《へんさつ》で見えまらしょうずと言うたれば、さらば書けと言うて、覚明に書かせて、山門へ状を送られた」。

言うまでもなくそれは、まず平家の悪行《あくぎょう》を書き、それを鎮めるため上洛するから、山門もわれら源氏に協力してほしいという内容である。さて、山門はこれを見て、長々と討論したが、平家派・源氏派と意見がわかれて、なかなか結論が出ない。すると最後に老僧たちが次のように言った。「われらは帝王も御無事にござり、天下も無事なようにと祈りをなせば、ことに当代の平家は御外戚《ごがいせき》じゃによって、今までかの繁昌《はんじょう》を祈誓《きせい》つかまつった。されども悪行法にすぎ、万民これをそむくによって、国々へ討手《うって》をやらるれども、結句、人より滅ぼさるる体《てい》じゃ。源氏は近年度々《どど》の合戦にうち勝って運を開きはじむるに、なんぞ運のつきた平家に同心して、運を開く源氏をそむこうぞ？　ただ平家に値遇《ちぐう》したことをひるがえいて、源氏に合力《こうりょく》しょうずる」と。そこで「一味同心に僉議《せんぎ》して、やがて返札を送った。その趣きは、これも同じように平家の悪行をそしって、また木曾をばほめて一味しょうずると返事をした」という結果になった。

ところが平家はこれを知らない。「比叡の山は当家を大切に思う。当家もまた、比叡の山のために怨《あた》を結ばねば……」自然に平家側に立って協力してくれるものと思っていた。だが、叡《えい》山《ざん》は動かない。しかし積極的に源氏に協力したわけでもなく、平家の様子を「まことにさことはあわれに思うたれども」傍観していたわけである。従ってこれは「秘やかな背反」であっても積極的謀叛ではない。

頼朝の正当な謀叛

さて、以上のようにハビヤンのいわゆる「謀叛」から、あからさまな「挑戦」と傍観的「背反」を除いて「叛逆＝陰謀的謀叛」をひろい出すと、それは鹿《しし》か谷《たに》の変、頼政《よりまさ》の変、頼朝の決起となる。だが「巻第二の第九　文覚《もんがく》のすすめによって頼朝の謀叛をおこさせられたこと……」を読むと、少なくともハビヤンの記す頼朝の行為は一見あくまでも「合法的」に見え、どうみても「陰謀的」とはいえないと思われる。次にそれを引用しよう。

「……頼朝は去んぬる平治元年十二月に父義朝《よしとも》の謀叛によって、十四の年伊豆《いず》の国〔の〕蛭《ひる》が小島へ流されて、二十余年の春秋を送られてござるが、年ごろ日ごろもこそあったに、今年《ことし》何たる心がついて謀叛をばおこされたぞと申すに、高雄《たかお》の文覚上人の申しすすめられたゆえときこえた。この文覚は都で事をしそこのうて伊豆の国へくだられたが、そこでつねには頼朝へ参って昔今のことどもを申して、慰まるるほどに、頼朝にあるとき文覚の申されたは、平家には重盛こそ心も剛《こう》に、謀《はかりこと》もすぐれてあったが、平家の運命の末になるゆえか、去年の八月に死去せられてござる。源平の中にはおん身ほど将軍の位にあがらせらりょう人はない。早う謀叛をおこいて、日本国をしたがえさせられい。」

と言った。用心深い頼朝は、もちろんすぐにはこれに答えない。文覚が、平家の内命をうけて彼の本心をさぐりに来たスパイではないという証拠は、どこにもないからである。まして「鹿ヵ谷」「頼政」とつづいた謀叛の後だから、平家側があらゆる方法で頼朝の真意を探ろうとしていると考えるのが、むしろ常識であろう。頼朝はすぐに「この聖《ひじり》の御坊は思いもよらぬことを承るものかな？　われは故池《いけ》の尼にかいない命を助けられておじゃれば、その後世《ごせ》を弔《とむら》おうずるがために、毎日法華経を一部読誦《どくじゅ》するよりほかは他事ない」と言った。ここでまた「後世を弔う」が出てきたが、平家の一員である池の禅尼《ぜんに》の「後世を弔う」ことは、彼が、すでに「世を捨て」現実の血縁関係を絶って、池の禅尼との「理念《イデー》としての血縁関係」に入ったことであり、その「血縁関係」への忠誠の表明で、平家に対して叛意がないことを間接的に証言したわけである。

これに対して文覚上人も「後生《ごしょう》を弔う」を持ち出して自己の証明とする。彼はまず「天の与うるをとらざれば、かえってその禍《わざわ》いを受く、時至って行わざれば、かえってその禍いを受く」と言ってから、次のようにつづけた。「こう申せばお心を見まらしょうとて申すなどと思わせらるるか？　おん身に志の深かったことをごらんぜられいと言うて、白い布で包んだ髑髏を一つ取り出いたれば、頼朝それは何ぞと問わるるに、これこそおん身の父左馬《さま》の頭《かみ》殿の頭髑《しゃり》髏《こうべ》でござれ。平治の合戦ののち苔《こけ》の下に埋《うず》まれさせられてのちは、後生を弔う人もなかったを、それがし存ずる旨があって、これをとって四十年首《しじゅう》にかけ、山々、寺々を拝みめぐって弔い奉った」と。

すると「頼朝一定《いちじょう》とは思われなんだれども、父の首と聞かるれば、まず涙を流いて、そののちはうちとけて……」話し合うようになった、という。すなわち、ここにおいて文覚は、自分はすでに「世捨て人」で現実の血縁関係は解消し、義朝と一種の「理念《イデー》としての血縁関係」にあり、そして自分はその関係に四十年間「忠誠」であったと言ったわけである。たとえ、その話の内容が細部まで事実であるにせよないにせよ、以上の証言はもはや消すことはできない。

そこで頼朝は、非常に用心深くではあるが、間接的にはじめて彼の本心の一端をうちあけたわけである。

　彼はまず、そうは言っても「頼朝は勅勘《ちょっかん》を許されいでは、何として謀叛をもおこそうぞ」と言った。この頼朝の言葉は、ハビヤンのいう「謀叛」の意味が、いわゆる主権者への「反乱」と同じでないことを示している。もし当時の日本の主権者を「天皇家」と仮定するならば――これはあくまでも仮定だが――「勅勘」のまま決起すればこそ確かに「謀叛」と言えるのだから、「勅勘が許されていないから反乱を起こせない」という言い方は、ありえない。従ってこの場合、少なくともハビヤンの記す頼朝の心にあったのは、むしろ自分が、池の禅尼の後生を弔うことによって、平家と「理念《イデー》」としての血縁関係」にあり、その頼朝が実父義朝との現実の血縁関係に再び入ることは、この「理念《イデー》」への謀叛だということのはずである。

　そしてこのことは、後にその子の池の大納言だけを平家の一門から切り離して、まるで自分の一族すなわち「血縁」のように扱っている点にも見られる。また池の大納言の方も、それを別に意外とはしておらず、当時の社会もハビヤンもこれを意外とはしていない。ハビヤンはこれを相当に詳しくまたわかりやすく摘記しているが、おそらく彼は、ここで、内心においてこの「理念《イデー》としての血縁関係」への忠誠を西欧の「宣誓」と対比し、日本人の絶対的「忠誠」の対象、すなわちその自己規定の内容を示そうとしているかに見える。次に該当の箇所を引用する。

「さて平家の一門のうちに都にとどまられたはなかったか?」「そのおことじゃ。みな六波羅をはじめ面々の館《たち》に火をかけて、焼きたてて落ちらるるうちに、池の大納言殿と申す人は館に火をかけて、これも出らるるが、何と思われたか、道から手勢三百余りを引き分けて、赤旗をばみな切って捨てて、都へ引き返された」。そして「仁和寺《にんなじ》に引きこもっておじゃった」「これは故池の尼御前《あまごぜ》の頼朝を助けられたによって、頼朝からも誓文《せいもん》をもって、池殿にも意趣はないと言うて、討手《うって》の使いの上《のぼ》るにも、かまえて汝ら池殿の侍《さむらい》どもに弓を引くなと、下知《げち》せられたによって、このようなことを頼うで都にお残りあったときこえたが、なましいに一門には離れつ、波にも、磯にもつかぬ心地をせられてござる」。そしてやがて関東へ下る。その結果「池殿もと知行《ちぎょう》召された庄園私領一所も相違あるまじいと申さるる上に、所領どももあまた賜わられて、六月六日に都へ帰りお上《のぼ》りあるに、大名、小名われ劣らじと面々にもてなし……命生きてお上りあるのみならず、ゆゆしいことどもであった」と勝利者の如くに扱われるのである。

確かにハビヤンは、この頼朝の行為を非常に立派なもの、いわば「宣誓」を守り、「受恩の義務」に忠実であった実に立派な行為として描いている。しかし、この頼朝の好意をそのまま受け入れた池の大納言を立派とは見ていない。ハビヤンの考えでは、彼は、頼朝の申し出を感謝しつつも、あくまでも血縁に対して忠誠で、運命を共にすべきであった。もちろん彼は、そういった自分の意見を挿入していないが、頼朝の申し出を辞退して一門への忠誠を貫いた弥平《やへい》兵衛宗清《ひょうえむねきよ》を彼と対比し、明らかに宗清の方を立派としている。十四歳の頼朝を捕えたのは宗清であった、しかし彼の命を助けたのも実質的には宗清であり、頼朝は池の大納言より彼の方を心待ちに待っていた。彼にとって、池の大納言は「恩人の子」ではあっても恩人その者ではない。しかし宗清は恩人その者であった。従って「受恩の義務」の遂行という点から見れば、彼にとっては宗清の方が大納言より大切であったろう。ハビヤンは、その経過を次のように記している。

「そのころ池の大納言殿に関東から下らせられいとあったれば、池殿関東へお下りあるが、その侍《さむらい》に宗清という者があったが、しきりにいとまをこうてとどまるによって、池殿なぜに汝ははるかの旅におもむくに、見送ろうとはせぬぞと、おおせらるれば、宗清申したは、そのおことじゃ。戦場へさえおもむかせられれば、まっ先をかけまらしょうが、これは参らずとも、苦しかるまじい。君こそこうでござれども、西国《さいこく》にござある公達《きんだち》のおことを存ずれば、あまり、おいとおしゅうござる。頼朝をそれがしが預りまらしたとき、随分つねは情けをかけ、芳志し奉ったこと、よもお忘れなされじ、故池殿の、死罪を申しなだめさせられて、伊豆の国へ流されさせられたとき、おおせをもって近江の篠原《しのはら》までうち送り奉ったことを、つねはおおせいださるると申す。下りまらしたらば、さだめておびただしい引出物などをせられまらしょうず。さりながら、この世はいくほどもござないに、西国に居まらする傍輩《ほうばい》どもがかえり承わろうことを恥ずかしゅう存ずる」

と言った。すると池の大納言も気がとがめたのか、今になってそんなことを言うなら、なぜ、都にとどまるときめたときに、そう言わなかったのだ、と言った。すると彼は、「君のこうでござるを悪《あ》しいと申すではない」と言いつつも、自分の意志は変えず、そこで池の大納言だけが関東へ下った。頼朝の念頭に本当にあったのはおそらく宗清の方で、彼が、池の大納言に従って来るものと思い込んでいた。そこで「頼朝池殿に対面あって、なぜに宗清は参らぬぞとおおせらるれば、宗清は今度は労《いたわ》ることがござって、下りまらせぬ。頼朝世にも本意《ほい》なそうで、昔かれがもとに預けられたとき、情けある芳心をいつ忘りょうとも覚えぬ。さだめてお供に下りまらしょうと恋しじゅう心に待ってござるに、あわれこの者はなお意趣がござるげな、とおおせられた。所知《しょち》くださりょうずるとて、下《くだ》し文《ぶみ》どももあまたなしおかれ大名、小名《しょうみょう》、馬どもひこうずるとて、用意せられたれども、下らなんだれば、みな人いらぬ賢人《けんじん》だてと思われた」ということになった。

以上の点を参照して、はじめて、前述した頼朝の「勅勘を許されいでは、何《なん》として謀叛をもおこそうぞ」という言葉の意味が理解できるであろう。すなわち彼にとっては「院宣《いんぜん》」をうけたら「謀叛ではない」のではない。院宣をうけても、「理念《イデー》としての血縁」への忠誠に対する謀叛は謀叛なのであって、ただ院宣さえうければ「謀叛を起しうる状態」になるにすぎないと言っているのである。以上の解説は、皇国史観の影響を受けた日本人には、非常に無理な理屈のように受けとられるであろうが、それについてはさらに後述するとして、ここでまた文覚上人にもどろう。頼朝のこの言葉に対して文覚は、そんなことなら簡単に解決できるといい、事実その言葉通りに、事態は急展開することになった。以下にその部分を引用する。

「……今の都《みやこ》福原へのぼろうずるに三日《さんにち》には過ぎまじい。院宣をうかがおうずるに一日の逗留《とうりゅう》があろうず。都合その間七八日には過ぎまいと言うて、つっと出てわが坊に帰って弟子どもには伊豆の御山《みやま》に忍うで七日参籠《さんろう》の志があると言うて、出たが、げにも三日目には福原の都へのぼりつくが、光能《みつよし》卿のもとにいささかゆかりがあったれば、まずそこにいって、伊豆の国の流《る》人《にん》頼朝こそ勅勘を許されて院宣をだにくだされば、八ヵ国の家人《けにん》どもを催し集め、平家を滅ぼいて天下を治みょうと、申さるると言うたれば、光能卿当時はわが身も官をもやめられて心苦しいおりふしじゃ。また法皇も押し籠められさせられてござれば、何とあろうか、知らねども、うかごうて見ようと言うて、ひそかに奏聞せられたれば、法皇やがて院宣をくだされたを、文覚はこれを首にかけて、また三日《さんにち》というに伊豆の国へくだりつかれた」。

頼朝は、「文覚はなましいに由《よし》ないことを申し出《だ》いて、頼朝をまたなんたる目にか遭わせりょうと思わじことのう案じつづけておじゃるところに、八日という午《うま》の刻ばかりにくだりついて、これ院宣よと言うて捧《ささ》げらるれば、頼朝これを見て、天に仰ぎ、地に伏いて、大きに喜うで、手水《ちょうず》をつかい、うがいして新しい浄衣《じょうえ》を着て、院宣を三度拝して、ひらいて見らるれば、そうそう平家を滅ぼいて世を治められいと書かれた」。これで謀叛がはじまったわけである。

不当な陰謀的謀叛

少なくともハビヤンは、院宣や法皇の指示や臨席が、「受恩の義務」や「理念《イデー》としての血縁関係」への忠誠に優先するとは考えていない。従って、法皇が介入しても、謀叛は謀叛で、秩序への叛逆という点では変りはないのである。そしてこのことが頼朝の場合よりさらに明確に出てくるのが、成親《なりちか》の場合である。成親の場合は、院宣といった一片の文書ではなく、法皇自身がその謀議に参加しているのに、前にものべたように、ハビヤンは、成親の行為を絶対に許されざる「義にかなわない『不当な行為』」すなわち「裏切り」による不当な「叛逆＝陰謀的謀叛」と見、「天魔の所為《しょい》と見えた」としているのである。天魔とは彼の用法では悪魔《サタン》の意味である。だがもしハビヤンが、法皇（天皇家）を日本の主権者で「聖」と見ているなら、裏切って天皇家に謀叛を起したのは、行綱《ゆきつな》であっても成親ではないはずである。

国王が「権力を握っている強大な一族」を滅ぼした、乃至《ないし》は滅ぼそうとした例——たとえばルイ王朝がギーズ家を滅し、アッバース朝がバルマク家を滅したというような例——は少しも珍しくない。そしてこの場合、通常はこれを謀叛とはいわない。さらにこの際、この国王の家臣もしくはこの計画に参加したものが、この王家の計画を強大な一族に秘《ひそ》かに密告したなら、この密告者こそ裏切り者であり謀叛人であっても、この計画に参加した者を謀叛人と呼ぶことはありえない。もしそう呼ぶ者がいたら、その者にとっては少なくとも「王とは聖にして忠誠の対象」ではないことは否定できず、その者の忠誠の対象は別のところにあり、それに忠実なことが、その者にとって「正義」であり、それに忠実でないことが、その者にとって「不義」のはずである。

ではここで、ハビヤンの記す後白河法皇の行動を探ってみよう。まず法皇が内心、平家に対して不満をもち「法皇も内々《ないない》おおせられたは、昔より代々の朝敵を平らぐる者も多けれども、今の清盛がように心のままに振舞う者はなかった、これも世も末になり、王法《おうぼう》もつくるしるしじゃとおおせられたれども、ついでがなければ、おん誡《いまし》めなさるることもござなかった」といった状態であり、一方「平家もまた別して朝家《ちょうか》を恨み奉らるることもござなかった」といった状態であった。

しかし鹿ヶ谷の変のときは、次に記すように法皇はむしろ積極的に自らこれに加わり、かつ発言しており、内心これを支持したとか、側面から秘かに援助したとかいう状態でなく、明らかに主謀者の一人と見なさるべき状態である。すなわち「あるとき法皇も御幸《ごこう》なされたれば、浄憲法印《いん》という人もお供せられてござった。その夜の酒宴に、この謀叛のことをおおせあわされてあったれば、浄憲の申されたは、さてもこれほどあまたの人の聞きまらすに、さようなことは、な、おおせられそ。もし、もれきこえたらば、天下の大事に及びまらしょうずると、いわれたところで、成親卿気色《けしき》をかえて、ざっと立たれたが、お前にあった瓶子《へいじ》〔とっくり〕を装束の袖にかけて引き倒されたを、法皇あれはとおおせられたれば、新大納言立ち帰って平氏《へいじ》倒れてござると、申されたれば、法皇えつぼに入《い》らせられ〔大いに悦ばれ〕猿楽《さるがく》ども参って、曲をつかまつれと、おおせられたところに、康頼《やすより》という人あまり平氏《へいじ》の多いにもて酔うた〔平家の多さを持てあました。割れた瓶子《へいじ》のかけらの多さと平氏の強さ、とを、かけている〕と、申されたれば、俊寛それをばなんとしょうぞと言われたれば、西光法師《さいこう》、首をとるにはしかぬと、言いさまに、瓶子の首をとってうちに入られた。浄憲これを見てあまりのことにあきれて、しかしか〔ハッキリとは〕、ものをもいわれなんだ」という状態であった。これでは法皇こそ謀叛の中心、むしろ煽動的《せんどうてき》役割をしているとさえいえる。

だが成親が、「一方の大将に頼むぞ」と言って、報酬の一部まで渡してあった行綱《ゆきつな》がすべてを清盛に密告する。そして比叡を攻めるという名目で集めた軍兵《ぐんぴょう》は実は、平家打倒のためであり、法皇も参画しているという。この際の清盛の行動はまことに機敏であり、すぐさま対応策を講ずるとともに、法皇の参画が事実かどうか確かめようとする。彼にとって事件の要点はここにあるからである。彼は家臣の資成《すけなり》を御所に行かせる。「資成いそいで御所へ馳《は》せ参って、信房《のぶふさ》を呼びいだいてこの由《よし》を申せば、その人も色を失うて御前へ参ってこの由奏聞《そうもん》せられたれば、法皇は、はやこれらが内々《ないない》たくんだことがもれたよとおぼしめされて驚かせられ、これは何ごとぞとばかりおおせられて、分明《ふんみょう》に御《おん》返事もなかった。資成いそいで馳せ帰って清盛にこの由を申したれば、さればこそ行綱はまことを言うた」と清盛は法皇参画の確証をつかんでしまうのである。そしてこのことは、たとえ「謀叛」が明らかになっても、「法皇にだけは累を及ぼすまい」といった「忠誠の士」がだれ一人いなかったことを示し、同時に法皇が臨席したからこの企ては正当でこれに反抗する者こそ謀叛人だという考え方もないことを示している。「法皇が参画したから」参画した、それを非難される理由はないといった意味のことをのべたのは西光法師だが、彼とて、自分は「院中に召し使わるる身なれば」「院宣と言うて催されたことにくみせぬとは申そうずるようもない」であり、これでは「院」に使われていなければ何もしないわけだから、彼とて、院宣がすべての人を拘束する「主権者」の「絶対命令」と思っていない。ということは、天皇家への忠誠が全日本人に要請されているのでないから、その忠誠によって、自らの行為を、すべての人が正当化できるわけではないのである。

この例と頼朝の例とを対比すれば、「勅勘」がいわば「政治的禁治産宣告」のようなものであり、「院宣」は、この「禁治産宣告」の解除で、従って「八ヵ国の家人どもを催し集め」ることができるわけだが、そのこと自体は、行為の正当・不当、義・不義とは関係はない、ことを示しているであろう。いずれの国であれ、権利がないのに行なった行為は当然に不当だが、権利が回復したからといって、その行為のすべてが正当ではないのと同じである。そして以上のように見てくると、ハビヤンが、成親の謀叛を弁護の余地ない不当の行為「天魔の所為」としているのは、成親には、そういうことを行う権利は、はじめからなく、法皇が介入しようがしまいが、それに関係なくその権利はないと見ているからであろう。

そして頼朝の場合は、院宣で勅勘がとけて権利は回復しているが、その権利の正しい行使は、「理念としての血縁」への忠誠に抵触しない場合に限られるわけである。

成親もこのことを知らぬわけではない。ではいったい彼は、いかなる動機で謀叛にふみ切ったのか。奇妙なことにその動機は位争いであり、平家が「あまたの人々をこえて次男宗盛

（は）右大将という官にあがられた。そうあったところで、成親卿と申す人これを無念に思うて、なんとぞして平家を滅ぼいて本望をとぎょうずると企てられた」のである。そして成親自身の、捕われた以後の言葉によれば、自分には「謀叛の権利」がないことを明らかに知っている。そしてまた、この反乱には明確な「政権奪取」の構想があるわけでもない、実に奇妙な謀叛であって、一見、全く衝動的な行為のように見える。だが、果してそうであろうか。

名誉回復のための謀叛

そう見てくると、さらに奇妙なのは、ハビヤンの記す源三位《げんざんみ》入道の謀叛である。「巻第二の第三　三位入道の嫡子仲綱《ちゃくしなかつな》馬ゆえに面目を失われたによって、この恥をすすごうずるとて、謀叛をおこされたこと」に、その動機がくわしく記されているから、まずそれを引用しよう。「三位入道の謀叛の由来をもお語りあれ」「かしこまった。さても年来《ねんらい》〔ながねん〕日ごろもあればこそあったに。三位入道ことし何たる心がついて謀叛をばおこされたぞと言うに、宗盛不思議なことをせられたゆえじゃ。まことに人は世にあるとてもすまじいことをし、言うまじいことを言わば、ようよう思慮、生ずることじゃ。たとえばそのころ源三位入道の嫡子仲綱のもとに都にきこえわたった名馬があったが、名をば木の下《こした》と言うた」。宗盛がこの馬を見たいと言ったが、仲綱は言を左右してこれを宗盛のところへ遣わそうとしない。すると宗盛は「憎いことじゃ、さては惜しむげなぞ。その儀ならば、その馬せめごいに乞えと、言うて、侍《さむらい》を走らかし、文などをもって押し返し、押し返し、五六度までこわれた」ということになった。三位入道がこれを聞いて、たとえ金の馬でも、それほど人がほしいと言うなら、惜しむことはあるまい。その馬を六波羅へやったらどうか、と言ったところが仲綱は「馬を惜しむではござない。権威についてせめらるると思えば、無念さに今まで遣《つか》わしまらせぬ」と言い、しかし父の命ならば、ということで馬を宗盛におくった。ところが宗盛は、馬を見て「あら憎や！　これをば主《ぬし》が惜しゅうだ馬じゃものを」といってその名を仲綱と名づけ、客人が名馬拝見に来ると「やれ仲綱め引き出せ、仲綱め打て、はれ」などと言った。仲綱はこれを聞き、「命にもかえて惜しかった馬を権威についてとられたさえも無念なに、馬ゆえに仲綱が日本国《にっぽんごく》の笑い草になろうことが無念な。恥を見んよりも、死にをせいということがあるものを」と言い、これには三位入道も同感し、それが謀叛の動機となった。これが、ハビヤンの記す、事件の発端である。そしてこの従って、頼政・仲綱の場合はさらに明確に、政権奪取が目的ではないことになる。そしてこの「恥」が屈辱感である点は、妓王の場合と同じである。

　両者に共通している点は、権力によってきずつけられた自分の名誉乃至は自尊心を謀叛によって取りかえそうということである。従ってこれは「政治的争い」でもなければ「経済上の争い」でもない。また、清盛には、それまで、両者を排除しようという意志は全くなかったのだから、「そのままにしていれば、いずれは自分が破滅する」という状態に追いこまれていたわけでもない。成親は平家の姻戚《いんせき》、頼政はその同盟者、両者とも多少は所遇に不満があったとはいえ、頼朝や義仲とは違う境遇にある。従ってハビヤンも記しているように、そのままにしていれば安穏であり、そしてそれまではそうしていた人びとであった。

従ってこれは「名誉回復のための謀叛」ということになるが、ハビヤンは前述のように、成親にはその権利はないと見ているが、明らかに、仲綱と頼政にはその権利があると見ているのである。そしてこれが最初に記した「陰謀的謀叛」の第三の型であり、これこそどの面から見ても確かに「謀叛」だが、ハビヤンはこれを正当な「謀叛」――いわば「謀叛」であっても「義にかなう『正当な行為』」と見ているのである。法皇の臨席も成親の「謀叛」を正当化しないのに、なぜこの謀叛は正当化されるか。それは言うまでもなく、「人をも人と思わず」「世を世とも思わぬ」罪に対する告発であり、その罪の行為に対する正当防衛ともいうべき一種の抵抗の権利の発動であり、しかもその発動が、「理念としての血縁への忠誠」に抵触しないからであろう。ということは、ここに、謀叛を起す側にも起される側にも、ともに共通する一つ〔の〕「義」への忠誠が要請されており、それが基準となって、それにはずれた者の方が不当なのであって、「起す側」「起される側」「天皇家の介入」といったことで、「正当」「不当」がきまるわけでないことを示している。そしてこの基準がハビヤンにとっては「聖」であり、神に等しい絶対であったのであろう。その絶対とは言うまでもなく、受恩の義務の絶対と、施恩の権利の否定である。従って前者を絶対化している者への後者の強行は、「聖」に等しい恩という概念の否定、いわば一種の瀆聖《とくせい》行為として糾弾されるわけである。

第六章　勝者と敗者

ハビヤン十戒

「人をも人と思わず」「世を世とも思わぬ」罪のゆえに平家は滅びた。最初に記したようにこれがハビヤンの『平家物語』の主題である。従って必ずしも「盛者必滅」ではなく、「盛者」であっても、「人を人と思い」「世を世と思って」いれば滅びないはずである。ハビヤンの「滅亡」の視点がここにあることは、彼の記す「木曽《きそ》の敗滅」「平家一門の全滅」「宗盛《むねもり》父子の斬《ざん》首《しゅ》」「平家断絶、文覚《もんがく》流罪」等に表われているが、これを彼の「勝者」「敗者」への見方を基《もと》にさらに具体的に検討してみよう。

『妙貞問答《みょうていもんどう》』を開くと、彼の説くキリシタン宗には、「審判」とその「審判」の基本となるべき客観的な「義」という概念が皆無なことに気づく。言うまでもなく、終末論と「審判」はキリスト教的世界の根底であり、人はこの宇宙の最終的大法廷ともいうべき場所で、永遠の滅亡の宣告を受けないために、自己を規制する——言いかえれば、それを意識して生きることを各人に要請し、その法廷で宣罪されないことに精神の平和を見出《みいだ》す世界である。ダンテの『神曲』が示すように、地獄の人間にも宣罪のときがあり「第二の死」があって、すべての人間は二度「法廷」を経由しなければならぬ世界といえる。ところがハビヤンには、こういった考え方は一切皆無である。

『妙貞問答』で彼が説いているのは、人間には一種の「自然法」ないしは「自然の秩序」というべきものがあり、人はこれに従っているべきなのだが、実際にこれに従うことができないか、ないしは、従うことが非常にむずかしく、「欲にひかれて」それを犯すから滅亡する。そしてキリシタンは、この「自然法」を遵守《じゅんしゅ》する点で、神儒仏にまさる最高の方法論を提示していると説くのである。簡単に言えば、キリシタンの教えに従えば「人をも人と思わず」「世を世とも思わぬ」ようなことはしない、従って「現世安穏＝平和、後生善所《ごしょうぜんしょ》＝精神の平和」であると説く。いわば、清盛がキリシタンに改宗していれば、平家は滅亡せず、『平家物語』も書かれなかったであろう、ということである。彼は次のようにのべている。

「……此《この》宗ノ十《とお》ノマダメント（モーセの十戒）ト申ス十戒ヲ保《タモチ》テ、でうすヲ敬イ奉《タテマツ》レバ、現在モ安穏ニシテ、後生善所ニ疑イナク侍《ハベル》。又扶《タス》カラヌ者ト申《モウス》ハ、此宗ニモ入《イラ》ズ、マダメントヲモ保タズ、でうすヲアガメ奉ラヌガ故ニ、未来永々《ヨウヨウ》浮ブ事ナキインヘルノ（地獄）ノ苦患《クゲン》ヲ受《ウケ》、悪所ニ堕《ダ》スル事ニテ侍《ハベル》」。ついで彼の記すマダメント（十戒）とその解説になるわけだが、それを記す前に、何がゆえにこう言えるか、を説明している彼の言葉に移ろう。

彼は、でうすが創造主なら、なぜ今まで日本人はキリシタンを知らなかったのか、という質問に次のように答えている。「でうすハ……天地万像《マンゾウ》ノ御作者《ゴサクシャ》ナレバ、キリシタンノ国バカリノ者ヲ御作《ゴサク》ナサレタルニ非ズ。日本モ大唐《タイトウ》モ、イヅク如何ナル国々島々モ、此御主ノ御メグミニ洩《モ》レタル所ハナシ。去《サレ》バ御教ヘモ、一切ノ国里《クニサト》ニ人間サヘアレバ、其マヽ人々ニ授ケ玉ヘル事ナレバ、ヲソシト申事《モウスコト》ハサフラハズ。但シ此教ヘト申ニ三様《ミサマ》ガサフラフ。一ニハナツウラノ教ヘ（自然法）、二ニハエスキリツラノ教ヘ（聖書）、三ニハガラサノ教ヘ（降臨と聖伝）ニテ侍《ハベル》。……ナツウラノ教ヘトハ、人々己レガ心ロニ、誰《タ》ガ教《オシユ》ルトハナケレドモ、此人、ヌスミヲスレバワロシ、人ニナサケヲ掛哀《カケアワレ》ムハヨシト、生《ウマレ》ナガラニ善悪ヲ知分《シリワク》ル智恵ノサフラフハ、是ガでうす人々ニ其《ソノ》マ、与ヘ下サル、教ヘナレバ、此智恵ノ光リニ順《シタガ》イ行《ユカ》バ迷フマジキ事ニテ侍《ハベル》ヲ、人ノ心、ハ（ワ）タクシノ欲ニ引《ヒカ》レ、邪《ヨコシマ》ニ入《イル》ガ故ニ、残ル二ツノ教ハ重《カサネ》テ授《サズケクダ》下サレタル事ニテ侍《ハベル》。サテ其《ソノ》（エ）スキリツラノ教（聖書）トハ、前《マ》ヘニ聞玉《キキタマ》フ十ケ条ノマダメント（十戒）書付《カキツ》ケ、如此《カクノゴトク》ニ身ヲ治メヨト教ヘ玉イシ事、是ニテモ猶《ナヲ》人ノ心ロ善ニ至ルニ難《カタ》カリシカバ、申《マウシ》ツル如ク、でうす、人界《ニンガイ》ヲ受玉《ウケタマ》イ、御出世《ゴシユツセ》ナサレ、彼《カノ》十ケ条ノ御掟ヲ保ツ力ヲ先《サ》キトシ、其《ソノ》外《ホカ》後生ヲ扶《タス》カル為ノ勤《ツト》メヲナス御合力《ゴコウリヨク》（助け）ヲナサル、今ノ御教ヘヲ、ガラサノ御《オン》教ヘ（降臨と聖伝）トハ申《モウシ》サフラフ」と。

これで明らかなように、まず最初に、すべての前提として「ナツウラの教へ」（自然法・自然の秩序）が来る。彼にとってこれは絶対の前提であり、これに従うことが「義」であり、これに従えば「救い」があり、これに従わずこれを無視すれば「滅亡」になる。ところが人は私欲にひかれ、邪《よこしま》に入るがゆえに、これに従ってその通りに実行することはできない。そのために「十ケ条ノマダメント」が「如此《カクノゴトク》ニ身ヲ治メヨ」そうすれば自然法からはずれることはないと、人間に付与されたわけである。それが次に紹介する「ハビヤン十戒」である。

「でうす授下《サズケクダ》サレシ十ケ条ト申《モウス》ハ、第一、御一体《ゴイツタイ》ノでうすヲ大切ニ敬イ奉ルベシトノ事。是《コレ》即《スナワチ》キリシタンニ成《ナリ》テヨリハ、神仏已下《イゲ》ノ事、是ヲ用《モチユ》ベカラズ。でうす御一体マデヲ恭敬礼拝《クギヤウライハイ》致セトノ事ニテ侍《ハベル》。第二ニハ、貴《タツト》キ御名《ミナ》ニ掛《カケ》テ空《ムナ》シキ誓《チカ》イスベカラズトノ事。是ハハヤ明《アキラカ》ニ聞ヘタル事ニテサフラフ。第三ニハ、ドミンゴ（安息日）ヲツトメ守ルベシトノ事。此ドミンゴト申《モウス》ハ、八日目〱ニ廻《メグ》リ来《ク》ル定《サダマ》リタル日ナミ（並）ノサフラフ。此日ニハ、キリシタンノ寺有《アル》所ニテハ、其《ソレ》ヘモマイリ、行事（ミサ）ヲモ拝《オガ》ミ、談義（説教）ナドヲモ聴聞《チョウモン》セヨトノ事ニテ侍《ハベル》。第四ニハ、父母《ブモ》ニ孝行スベシトノ事。此下《コノシタ》ニハ惣《ソウ》ジテ弟ハコノカミ（兄）ニ随イ、臣ハ君ニ二心《フタゴコロ》ナク忠ヲ致セト云様《イフヤウ》ナル事マデモ聞ヘサフラフ。第五ニハ、人ヲ殺スベカラズト也。是ハ殺スベキ者ニモ非《アラ》ヌ科《トガ》ナキ者ヲバ殺《コロス》ナトノ事ニテ侍《ハベル》。科《トガ》アリトテモ、又其軽重《ソノケイジュウ》ニモヨルベシ。第六ニハ、他犯《タボン》スベカラズトノ事。男女《ナンニョ》トモニ吾《ワガ》夫婦ト定リタル外《ホカ》ニハ、何ノ道ニテモ婬《イン》犯《ボン》ヲバイマシメラレテサフラフ。第七ニハ、偸盗《チウタウ》スベカラズトノ事。第八ニハ、人ニ讒言《ザンゲン》ヲナスベカラズトノ事。都《スベ》テ偽リヲ云ハザレトノ事ニテ侍《ハベル》。第九ニハ、他ノ妻ヲ恋慕スベカラズトノ事。第十ニハ、他ノ宝ヲミダリニ望ムベカラズトノ事。婬欲ノ二ツハ人ノ上ニ発《オコ》リ安キ悪ナルガ故ニ、心ニ思フ所マデヲモイマシメ玉イテサフラフ。都《スベ》テ此十ケ条ハ、でうす御一体ヲ大切ニ敬イ奉《タテマツ》レトアルト、又吾身ヲ思フ如ク人ヲモ思ヘト有《アル》、此二ツニ極マルト思イ玉へ。」

　いうまでもなくこの十戒は、モーセの十戒とは全く違う。似ているのはいわば体裁と表現だけである。さらに、前提が全く違って、彼には一種の「日本教的自然法」が、当然の前提として存在するのだから、第一戒の「御一体ノでうすヲ大切ニ敬イ奉ルベシ」は、この自然法ないしはその発布者として象徴化された対象を尊重し絶対視せよ、神仏などは捨てて、これだけを絶対とせよ、ということになる。そこで、この「でうす」という言葉の意味内容を自然法の制定者ないしはそれに象徴される法自体と解するならば、この十戒は、おそらく徳川期の日本でも今日の日本でも、そのまま通用するであろう。そうするとこの内容は実質的には貝原益軒《かいばらえきけん》の『大和《やまと》俗訓』と変りはないのである。そして彼が説くのは同じように、これを基とした「治国平天下」論であり、そしてそれが「現在ノ安穏、後生ノ善所」に通ずる、ということは彼はキリシタンであってもキリスト教徒でないということである。では、次にその部分を引用する。

「……仏法ナクハ王法モスタレ、神道ヲアガメズハ国土ノ安全モ有《アル》ベカラズト云《イフ》ヤウナル事ヲバ、物ヲモ知ラヌ者ドモノ申セバトテ、ナ聞入《キキイレ》玉イソ。承平・天慶《テンギヤウ》（将門《まさかど》・純友《すみとも》の乱）ノ間ノ事ヲバ申マデモナシ。保元《ホウゲン》・平治ノ比《コロ》ハ、吾朝ニハキリシタンノ「キ」ノ字ノ沙汰モナク、仏法神道殊《コト》ニ盛《サカン》ナリシカドモ、天下モ乱《ミダレ》、王法モ世ニカロンゼラレ、武臣、朝家《チヨウケ》ニ随イ奉ラザリシヨリ、ヲゴレル源平両家《カ》ノ戦ヲ初メ、承久《ジヨウキユウ》ノ乱ヨリ已来《コノカタ》ハ、茲《ココ》ニ責《セメ》、彼《カシ》コニ戦イシトノミ、伝記ノ載《ノ》スル処ニモ見ヘ、又近クハ年老イタル人ノ申レサフラフヲ聞ケバ、其時ノ崩《クズ》レ、此時ノ乱ニハ、茲《ココ》モ焼《ヤ》カレ、彼《カシ》コモ破ラレタリナンド、云ヘル事バカリニテ侍《ハ》ベレバ、我朝ハ仏神ノ利生《リシヨウ》ニテ国家ノ太平ヲ致ストハ、何《イズ》レノ時ヲ差《サシ》テカ申ベキ、唯邪《ヨコシマ》ナル仏神ヲ敬フガ故ニ、日本ハ天罰トシテ、他国ヨリモ兵乱ハシゲキトヲボヘサフラフ。……其故ハ、キリシタンノ教ニハ、天子将軍ヲ初メマイラセ、其下《シモ》〳〵モ面々《メンメン》、主人ヲバ心ロノ底ヨリ大切ニ敬イ其《ソレ》ニ順《シタガ》ヘトアルガ、朝夕ノ勧《スス》メニテサフラヘバ、キリシタン国ナドニハ、千年ニアマッテ此方《コノカタ》、兵乱ト云《イフ》ヤウナル事モナク、謀叛《ムホン》逆心ナド、申事ハ、マレニモ有《アル》事《コト》ナシト申《モウサ》レサフラフヲ聞侍《ハベル》。然《シカル》ニ日本 悉《コトゴト》クキリシタンニナラバ、国家モ乱レ王法モスタレナンナド、ハ、如何《イカ》ナル分別ヲ以テ申事ニテサフラフヤ。」

もちろんハビヤンがのべているキリスト教国の事情は、歴史的事実ではない。しかしこの場合、問題とすべきは、ハビヤンが、キリシタンをそのように見た、また見ようとしたという事実である。従って彼の考えによれば、「ナッウラの教へ」（自然法）にはじまる三段階の教えをそのままに守れば、国家も個人も「現世安穏、後生善所《ごしょうぜんしょ》」すなわち平和・平穏のはずなのである。従ってこの世界には、争乱はもとより迫害や殉教も入る余地はない。彼の棄教の基本にあるものは、結局は、キリシタンは彼のこの切なる要請に応えてくれなかったということであった。従ってもしキリシタンが争乱の原因になるならば、彼にとっては、それは「キリシタンではなくなる」のである。だがこの問題は後でまたふれるとして先へ進もう。

彼のいう「ナッウラの教へ」（自然法）とは、言うまでもなく今までのべてきた「受恩の義務」とそれに基づく「血縁および擬制の血縁への忠誠」の世界である。このことは、ハビヤン十戒の第四戒におけるモーセの十戒の拡大解釈というより〝増補訂正〟に表われ、さらにそれを拡大した「主人ヲバ心ロノ底ヨリ大切ニ敬イ其《ソレ》ニ順《シタガ》ヘ」に表われ、それが、いわば下から上への秩序としてのべられるとともに、一方では上から下への形――すなわちハビヤン十戒の第一戒「御主《オンアルジ》でうす（自然法ないしはその象徴）ヲアガメ奉ル」を敷衍《ふえん》した形で、「次《ツイ》デハ、天子将軍ヲ初メマイラセ、」主人をあがめよという形で、秩序づけられているのを見ても明らかである。そしてこれがキリスト教国――ということは彼の描く理想の世界――では、「キリシタンのエスキリツラの教へ」と「ガラサの教へ」によって、その通りに実施されて「現世安穏＝平和、後生善所＝精神的平和」なのに、日本は、神道・仏教・儒教などにわざわいされて、争乱ばかりくりかえしていたことに、なるわけであった。

だが、このように考えるならば、たとえその人がキリシタンでなくとも「欲ニ引《ヒカ》レズ」に「ナツウラの教へ」を全うしているなら、その人は、「現世安穏、後生善所」で、その人が支配者ならこの世は平和なはずであり、そして彼に反逆するものはこの教えに反するから全部「敗者」として滅びるから、その人こそ「勝者」のはずである。そして、このように見てくると、ハビヤン版『平家物語』に描かれている頼朝は、明らかにこの「勝者」であり、一方、滅びたものはすべて明らかにその逆の「敗者」なのである。とすると頼朝は「ハビヤン派キリシタン」の宗祖ないしは模範の如きものになり本物の『平家物語』はハビヤン派の旧約になるであろう。

実は、こういう見方が起ることは、必ずしも珍しいことではなく、また日本だけのことでもない。ローマの詩人ヴェルギリウスは、中世において預言者、キリスト教の聖者と崇《あが》められたが、実際には彼自身、もちろん、キリスト教について何も知るはずがない。これは彼が紀元前四〇年ごろに作ったと思われる『詩選・第四歌』の中に、イスラエルの預言書と非常に似た句があり、また新しき時代を招来する〃男児〃の出生を歌っているからである。文脈を正確に追えばこれが「キリスト生誕の預言」ではないことは言うまでもないことだが、中世はそれを無視して、個々の語句の類似したものをつなぎあわせて、この偉大な異教の詩人をキリスト教の詩人かつ聖者にしてしまった。ハビヤン宗というものがそのままの形で定着すれば、前述のように本物の『平家物語』は同じように位置づけられ、頼朝は、ハビヤン派キリスト教の「ナッウラの教へ」の遵法者すなわち一種のキリシタン渡来前のキリシタンの聖者とされたであろう。

彼はこういう見地に立っているから、後代の如くに「判官《ほうがん》びいき」ではなく、頼朝の義経追放をきわめて論理的——というより教理的——に扱っている。言うまでもなく頼朝は、平氏である北条氏の女婿であった。そして文覚上人によって院宣《いんぜん》をうけ、源氏のみならず多くの平氏系の武士を率いて立った。確かに平家一門の主力は壇ノ浦で滅亡したとはいえ、まだ全国には平家の残党が多く残っており、奥州の藤原氏は、親義経の独立勢力である。こういう状態で、義経は平時忠《ときただ》の女婿となった。時忠はいうまでもなく北条氏よりはるかに家格が上の、平家そのものである。ここで義経は、「時忠の女婿」という位置で平家の残党を糾合しうるだけでなく、頼朝に従っている平家系の武士団にも影響力をもちうる。さらに奥州とはすぐにでも同盟関係に入れる。頼朝は、流人《るにん》で北条氏の女婿という位置から身を起した。同じことは今の義経にももちろん可能であり、そして天下を掌握しうる可能性は、文覚来訪時の北条氏の女婿＝頼朝よりはるかに強い。従って、ハビヤン十戒の第四戒の敷衍《ふえん》を援用すれば、こういう行為自体が「兄を兄とも思わぬ」ことで、それが、「ナッウラの教へ」に反しているから、頼朝が彼を追放するのは当然、ということになるわけである。そこで彼には「判官びいき」的な判定は起らない。だがしかし、歴史的事実への冷静な解釈という点から見れば、ハビヤンの見解の方がむしろ妥当性があると、私には思われる。

従ってここで、「勝者＝ナッウラの教への遵法者」「敗者＝ナッウラの教への違反者」という見方から彼の描く勝者と敗者を追ってみよう。といっても今までにすでに多くの敗者を記してきたし、大体、『平家物語』が「敗者の文学」ないしは「敗北を主人公にした」文学であるから、これからも専《もっぱ》ら「敗者」を記すことになるであろう。従ってここでは、この敗者と対極的な地位にある頼朝——といってもハビヤンの描く頼朝——いわば、この物語の中の唯一の最終的・絶対的勝者の姿にまず光をあてることにしよう。

勝者と敗者

以上のような理由でハビヤンの頼朝への評価はまさに絶対的であって、彼は常に、「世を世と思い」「人を人と思い」「血縁関係には絶対に忠誠」「受恩の義務」に忠実であった者として描かれている。従って彼は天下を掌握し「現世安穏＝平和、後生善所《ごしょうぜんしょ》＝精神的平和」の生涯を送ったというわけである。これがハビヤンの描く「勝者」の姿でありそして、頼朝がいかにそれらに忠誠であったかを示すのが、宗盛父子への言葉と「巻第四の二十八　六代高野へ上ること、平家断絶、また文覚も流され、ついには六代も首をはねられたこと」に至る諸章であろう。実はこの章でハビヤンの『平家物語』は終っているのである。

まず捕虜となった宗盛父子だが、頼朝はこの二人に使者を通じて次のように言っている。「全く頼朝平家に意趣を思い奉らぬ。池の尼公いかに申されたりとも、清盛入道殿おん許しなくば、頼朝いかでか命生きて二十余年の春秋をば送りまらしょうぞ？　されども悪行、法に過ぎ、天のせめのがれがとうて、攻め奉れと上命をこうむる上は、子細を申すに及ばず、かようにまた見参つかまつることそまことに本意ではござれ」と。彼によれば（ということはハビヤンによれば）、平家を滅ぼしたのは頼朝ではなく、平家が法に違反した悪業を行い「天のせめ」を逃れられなかったからにすぎない。そして頼朝はその法（ナツウラの教へ）に基づく、まことに不本意な執行人にすぎない、ということになるわけである。従って彼自身はあくまでもその法を守る、たとえそれがいかに自分の身に危険であっても守る、というのがハビヤンの描く彼の姿であって、それが非常に明確に出ているのが、六代と文覚上人に対する彼の態度を表わす次の物語である。

この物語は「巻第四の第二十六　六代を北条召し捕ってのち、文覚わびことによって頼朝赦免せられたこと」にはじまる。すでに義経追討の院宣は下り、全国に守護・地頭がおかれ、行《ゆき》家《いえ》は討たれ、天下はほぼ頼朝の掌握下に入った。そして「都の守護に上せられた北条のもとへ鎌倉殿言いのぼせらるるは、平家の子孫さだめて多かろうず、たずね出いてお失いあれ」ということであった。と言っても頼朝が本当に探索したかったのは、平家の嫡孫、小松三位中将の子であった。一門の総大将宗盛父子の死後は、正統からいえば、平家の当代は彼ということになる。頼朝はおそらく自分の過去を振返っていた。この子がもし非常に優秀であり、それがどこかにかくまわれ、そこへ文覚上人のような男が現われたら、すべては逆転するであろうと。そこで特に「小松の三位中将の子息六代御前とて、年もおとなしゅうござる上、平家嫡々の正統なれば、これを失われよ」と鎌倉から厳命したわけである。

そして「ある女房六波羅《ろくはら》に来て申したは、これから西遍照寺の奥小倉山の麓《ふもと》大覚寺と申す所に、小松の三位中将殿の北の方若君姫君相具して、この三年住ませらるると教えたほどに、北条やがて人をつかわいて見られたれば使いこの坊中に入って、人をたずぬる由で、籬《まがき》のひまから見入れたれば、おりふし白い狗《いぬ》の子の走り出たをとろうとうつくしげな若君の走り出させられたを乳母とおぼしい女房のあわてて続いて出て、あらあさましや！　人もこそ見まらしょうずれと申して、急ぎ引き入れ奉れば……」という光景を目にしたので、使いたちはこの人に間違いないと確信してその旨を報告し、そのため「北条五百騎ばかり大覚寺へ押し寄せうち囲うで」小松中将の若君を引き渡せ、ということになった。寺に迷惑をかけるべきではないと考えた十二歳の六代は、自ら出てきた。そしてそのあまりみごとで美しい貴公子ぶりに、北条以下も内心、何としてもこの人を助けたいという気持になった。しかし、ほかの者ならともかく、清盛の嫡孫では、そうはいかない。

ところが「乳母の女房はそこはかとものうあこがれいたに、ある人いたわって高雄の文覚という人こそ当時頼朝の大切の人なれ、されば上臈《じょうろう》の公達《きんだち》をも弟子にほしがらせらるると聞くものをと言うたれば、足にまかせてまどいゆき、高雄へたずね入り、おさきの坊にゆき小松三位中将殿の若君今年は十二にならせらるるが、世にうつくしゅうござるを、きのう武士に捕られてござる、あまりいとおしゅうござれば、こいとってお弟子にさせられいかしと、申せば、文覚、さて一定《いちじょう》この山におかせらりょうか？　なかなかお命さえ助からせられば、聖《ひじり》の御坊のおままと申した」。

そこで文覚は六波羅に行き、六代と会い、その姿を見て、「末の世いかなる毒とならせらるるとも、いかでか助け奉らぬことがあろうぞ」と決心した。この意味は言うまでもなく、彼が成人すれば、必ずや頼朝の大敵となりうる。そしてすでに北条は彼に同情し切っている。しかし一応助けようの意である。文覚は、北条に、彼を二十日だけは絶対に生かしておくよう、約束させた。「文覚鎌倉に下って申し受けみまらしょうず、いかに北条、文覚が頼朝に忠をつくしまらしたことは御辺《ごへん》もかねてごろうぜられたれば、いまさら申すに及ばねども」勅勘《ちょっかん》を解き院宣をもらい、そのために「契りを重うして、命を軽んじた」自分である。「されば頼朝に天魔がつかずば、よもや忘れさせられまじい」と言って彼は鎌倉に出発した。

ところが二十日たっても文覚は帰らない。そして、あわや、と思われたとき、使者が頼朝の教書をとどけてきた。それには「小松の三位中将の子そくをたずねいだされたを高雄の聖《ひじり》のしきりと申さるるほどに、預けよ」という自筆の指示と判があった。使者につづいて文覚も来、彼が六代の身柄を引きうけることになった。すでに六代にほれ込んでいる北条は、「一日路なりとも、送りまらしょうずれども、鎌倉に参って申そうずる大事あまたござれば……」と言って、名残りをおしんで別れた。

ところが、頼朝はすべてを見抜いていたのである。もちろん文覚に一種の底意があることも知っていた。従って彼が、文覚の要請に応じたのは、その危険を知りつつも「受恩の義務」にはあくまでも忠実であった、ということである――少なくともハビヤンの解釈では。「二十六章」の末尾には、次のように記されている。「そののち頼朝、文覚のもとへ便宜の時は、いかに中将の子は、昔、頼朝を愛せられたように、朝敵をも滅ぼし、会稽《かいけい》の恥をも清みょうずるものであるかと、おおせられたれば」文覚はとぼけて、彼は「すべて不覚人でござる、お心安うおぼしめせ」と言った。しかし頼朝は「見るところがあってこそ、こい受けられつろう。謀叛《むほん》おこさば、さだめて方人《かたうど》をしょう聖《ひじり》じゃ。ただし頼朝が一期《いちご》の間はいかでか傾きょうぞ？　子どもの末は知らず、とおおせられたことは、まことにおそろしい儀じゃ」と。

これがハビヤンの見る「勝者」であろう。そして最後の章でこの結末がくる。頼朝の予測はあたる。「……そのころ主上と申すは、後鳥羽の院のおことじゃ。これを文覚すさみまらし、二の宮を位につけ奉ろうとはかったれども、頼朝のござる間は、申しも出さず、頼朝正治《しょうじ》元年正月に失せさせられてのち、文覚このことをとり企てたほどに、たちまちきこえて、文覚は召し出され、年八十にあまって、隠岐《おき》の国へ流された……隠岐の国へ下りついて、ついに思死《おもいじに》（に）死んだ。そのありさまおそろしなんどと言うもおろかじゃ。六代御前は……文覚流されてのち……鎌倉へ召し下され、ついに失われたと申す」と。ここで平家は断絶しこのあとはいわば「あとがき」であって、これが前述のようにハビヤン版『平家物語』の終りなのである。

そしてこの頼朝の行為は、ハビヤン十戒のうち、「第三戒ドミンゴ（安息日）ヲツトメ守ルベシ」といったような宗教上の掟《おきて》と、偸盗《ちゅうとう》、姦婬《かんいん》を禁ずといった通常倫理の戒律以外のすべてを頼朝が守っていたことになるわけである。

ハビヤンの考え方は一言でいえば、倫理的に正しい者は勝者となって現世安穏であり従って後生善所《ごしょうぜんしょ》だということになる。だがこの倫理は簡単に逆転し、「勝者は倫理的に正しい」――「勝てば官軍」となるのである。そしてこの考え方は、今でも日本人にとって自明のこととされている。だがハビヤンがこういう考え方を抱く前提には、長い長い戦乱と『応仁記《おうにんき》』に記されているような、絶望的な混乱があった。そして、この混乱を収拾して秩序づけ「安穏な現世」を招来することが、彼にとって最大の願いであったことは、少しも不思議ではない。そして彼はそれをキリシタンに求め、それによって得ようと思ったので、人間の秩序の底にある

「法則」を探究し、それを基にして「キリスト教国」に仮託した一つの理想郷を夢見、その法則によって、混乱前期の秩序を立てた頼朝の姿を再構成したわけである。

従って一たびこの希望が破れた――というより自分で勝手に描いていた夢が消えた――後の、「ハビヤン十戒」に対する批判は、一種の呪詛《じゅそ》になってくる。無理もない。彼はこの「マダメント」（十戒）を、彼の考えていた「ナツウラの教へ」（日本教的自然法）を遵守するための手段と考えていたのに、全くそれとは別のものと知ったからである。従って彼にとって「マダメント」は、自然法に基づく「現世安穏＝平和的秩序」を破壊する元凶になってくるのである。

もちろん彼は、この中の通常の倫理規程は否定していない。そしてそれは「殺生《せっしょう》・偸盗・邪婬・妄語《もうご》・飲酒《おんじゅ》」を禁じた仏教の五戒と同じだと評価する。しかし、一たび「現世安穏＝平和的秩序」にふれる部分となると、徹底的な否定となってくる。そしてこれが、明治期の日本人キリスト教徒と、それからの転向者、批判者の視点と、全く同じになってくるのである。だが彼の『破提宇子《はだいうす》』に現われてくる十戒批判は、実は、そのはるか以前に、ハビヤン版『平家物語』の「敗者＝ナツウラの教への違反者」への批判に表われ、また後の彼によるパードレ批判にも表われているわけである。では次にこの「十戒批判」のその部分を紹介しよう。言うまでもなく問題の中心は「受恩の義務」の「恩」の基となる「孝」という概念に集中していく。

「……サテ孝行スベシト説《トク》（もちろんモーセ十戒には、「孝」という概念はない。従ってこれは彼の誤解だが、この誤解に基づいて第四戒を「孝」として捉《とら》えると、当然、次に指摘する矛盾が出てくる）。是《コレ》ハ天下ノ道法（日本教的自然法）ナレバ、汝提宇子《ダイウス》、カタ（形）バカリニ云フト見ヘタリ。……初条（第一戒）ニでうすノ内証ニ背《ソム》ク事ナラバ、君父ノ命《メイ》ニモ随《シタガ》ハザレ、身命ヲモ軽《カル》ンゼヨトノ一条ハ、国家ヲ傾ケ奪ヒ仏法王法ヲ泯絶《ミンゼツ》（絶滅）セントノ心、茲《ココ》ニ籠《コモ》レル者也。何ゾ早此徒《ハヤクコノト》ニ柄械《ヘイカイ》（手かせ・足かせ）ヲ加ヘザラン。惣ジテ至善《シイゼン》ノ教戒ハ、民生日用彝倫《イリン》（不動の倫理）之外ニ求ムル事ヲ不《ズ》レ待《マタ》。人倫ハ其品《ソノシナ》繁多ナリトイヘドモ五典（父子の親、君臣の義、夫婦の別、長幼の序、朋友の信）ニ過《スギ》ズ。君臣・父子・夫婦・兄弟・朋友之《ノ》其《ソノ》職分ヲ尽サバ、又何ヲカ加ヘン」。以上を読まれた方は、この考え方がまさに「教育勅語」の基本的な考え方であることに気がつかれるであろう。「ハビヤン十戒」とこの「十戒批判」を合わせれば、それはそのまま「勅語」になる。「又乱《ミダス》レ之《ヲ》者ハ悪逆無道《ムタウ》ニシテ犯サズト云事《イフコト》ナシ。……此五典ノ性ヲ人ニ賦《フ》スルハ天命ノ職分也。然《シカル》ヲ汝提宇子ハ云《ウ》、でうすノ内証ニ背《ソム》ク義ナラバ、君臣ノ忠義ヲ捨《ステ》、孝悌《カウテイ》ノ因《チナミ》ヲモ存《ソン》セザレト勧ムル事、過《スグル》レ之《ニ》悪逆イヅクニ在《アル》ベキゾ。其でうすノ内証ニ背ク義ト云《イフ》ハ、第一でうすヲ背《ソムイ》テ仏神ニ帰依スル事也。故ニ提宇子ノ宗旨ヲ替ヘ、仏神ニ帰依セヨトノ君命、サシモニ重ケレドモ、身命ヲ惜《ヲシ》マズ、五刑ノ罪《トガ》ニ逢フト云ヘドモ、却テ悦《ブ》レ之《ヲ》。看々《ミヨミヨ》、君命ヨリモ伴天連ガ下知《ゲチ》ヲ重ジ、父母《ブモ》ノ恩恵ヨリモ、伴天連ガ教化猶《ナヲ》辱《カタジケナ》シトスル事ヲ……イブセイ哉《カナ》（恐ろしいことよ）。マルチル（殉教者）トテ法ノ為ニハ身命ヲ塵芥《ヂンカイ》ヨリモ軽クサスル事。賢君天下ヲ治メ玉フニハ、勧善懲悪ノ義アリ。善ヲ勧ルハ賞、悪ヲ懲《コラ》スハ罰、罰ハ命ヲ絶《ゼツスル》ヨリ大ナルハナキニ、提宇子ノ命ヲタ、ル、ヲモ恐レズ、宗旨ヲ替ヘザルハ、誠ニ甚《ハナハ》ダ怖ルベキ者也。此猛悪イヅクヨリ起ルゾト見レバ、第一ノマダメント、万事ニ越《コエ》テでうすヲ大切ニ敬ヒ奉レト云ヨリ也」とある。これを見ればハビヤンが殉教を恐れて棄教したとはいえない。前にものべたが、彼は「狂信的」なキリシタンによる暗殺すら予期して棄教しているのである。彼によれば、受恩の義務を無視して「人を殉教さす」ような教えは「ナツウラの教へ」（自然法）に反しており、それなるがゆえに、殉教を讃美《さんび》するような教えは容認できないのである。なぜなら、すべて宗教は「ナツウラの教へ」を成就するための手段であり、そしてその教えの基本は「現世安穏＝平和、後生善所＝精神の平和」であって、それにそむく教えはありえないからである。

とはいえこの『破提宇子』には、ハビヤン版『平家物語』にはない、一つの重要な問題点がある。それは「一国の主権者＝天皇・将軍」への忠誠という考え方である。彼は、おそらくキリシタンのもつ「でうすへの忠誠」を主権者に移しかえたのであろう。これは彼にとって、ごく当然のことであった。人を律する基本は「ナツウラの教へ」（自然法）である。そしてこの伝統的日本教的自然法の施行者《しこう》は、政治的主権者であり、その主権が前記の自然法に基づく限り、それへの忠誠こそ「現世安穏・後生善所」のはずであった。そしてそれを阻害する者は結局は排除されてしまうはずであって、彼自身それに少しも疑いをもっていないが、しかし「殉教者」などという全く無益な犠牲者を出すよりも、もっと早めに、この問題を処理すべきだというのが彼の主張であろう。

しかし以上のように要約すると、日本教には「敗者の救い」は存在しないかに見える。しかし、もちろんそうではない。すべての宗教にあるように、ハビヤンも敗者の救いを準備していた。もちろんそれは懺悔《ざんげ》でもなければ、罪の赦《ゆる》しでもない。人間の一生の「貸借対照表」は、その人の終末において決算をすれば、結局は勝者も敗者も同じであるという考え方なのである。いわば頼朝のように、この貸借のバランスをとっていれば、すなわち「人間相互債務論」に基づく「負債」を意識してその意識に基づいて行動していれば、その生涯は、勝者として終りを迎えうる。しかし「受恩」の義務を認めず、一方では「施恩」を権利と意識して、その権利を乱用して自己の「資産」を浪費してしまえば、結局、破産者＝敗者として、生涯の終りにそれを清算しなければならぬ、しかし、清算がすめば、人間は結局同じだというところに、いわば彼の「救い」があるわけであった。それは宗盛の死にも表われている。宗盛は親子ともども切られることを望んだが、その望みも果さず、最後は別々に殺される。彼がこれを悲しむと、一人の「善知識の上人」が次のように彼を慰めるのである。

彼は言う「さなおぼしめされそ、最後のおんありさまをごろうぜらりょうずるにつけても、たがいにお心にかかろうず。この世は生者必滅の国なれば、生るるもの必ず死に、あうものは定《さだ》まって別るるならいじゃ。生を受けさせられてからこのかた、楽しみ栄えて、昔も今もためし少ない帝《みかど》の御外戚で内大臣の位にいたらせられ、今上の御栄華残るところもない。楽しみつきて、悲しみきたるは世のならいでござる。今年は三十九にならせらるるが、三十九年を過ごさせられたもおぼしめしつづけてごらんなされい。ただ一夜の夢でござる。こののち七八十を過ごさせらるるとも、思えばほどやござろう?……楽しみは必ず悲しみのもといなれば、生はまた死の因でござると申して、しきりに念仏をすすめられたれば、大臣殿たちまちに弱い心を思いかえいて、高声に念仏を唱えさせらるるところに、公長《きんなが》という者太刀をぬいて……大臣殿の首は前に落ちた」。これが、彼による「敗者の救い」の原則であり、そしてこれが彼の「ナツウラ」(自然)なのである。

第七章　個人と秩序

前にのべたように、ハビヤンにおいては、宗教は、人間が「ナッウラの教へ」(日本教的自然法)通りに「現世安穏・後生善所《ごしょうぜんしょ》」に生きるための「方法論」としてのみ存在理由がある。とするとここに、二つの態度が出てくるはずである。一つは、㈠個人における宗教選択の自由であり、もう一つは、㈡現世安穏を乱す思想およびこの思想に基づく行為の排撃である。「思想」を絶対化すればこの二つは矛盾するが、彼のように、思想以前に「ナッウラの教へ」という絶対者があり、あらゆる「宗教乃至《ないし》思想」をこれに到達する方法論と規定すれば、この二つは少しも矛盾しない。

彼自身の生涯は、まさにこの思想の通りであった。従って彼を「棄教者」とか「転びキリシタン」とか「転向者」とか呼ぶのは誤りである。彼自身は少しも変っていない。彼はその人生を仏教の僧侶《そうりょ》としてはじめ、ついでキリシタンの修道士となり、おそらく最後には儒教的道教的(?)思想家として終ったと思われるが、この間の彼の態度はむしろ、真摯《しんし》なる求道者のそれである。そしてその態度に明確に見られるのが一種の「個人主義」である。彼は、彼のいう意味の宗教乃至は思想と「自己」とを対等の関係におき、「ハビヤン個人」が、いずれの宗教乃至は思想を選択するのも自由だ、という態度をとった。すなわち彼の〝転向〟は常に自らの

撤去した後、政府が、これとの「思想闘争」を準備するため、ハビヤンの『破提宇子《はだいうす》』の公刊のが普通である。そしてこのことは明治のはじめに、諸外国の圧力でキリシタン禁止の高札《こうさつ》を従って、少なくともその同時代人にとって、奇想天外な言葉は、それらの布告には現われないども、その時代の常識を完全に無視した「勅令」や「布告」を発することは、不可能である。かって出来あがった「常識」を文章化したものにすぎないのであって、いかなる独裁者といえもいるかもしれない。しかし元来「成文法」とか「勅令」「布告」といったものは、長い間か前章は、「教育勅語」、今回は「明治憲法」が出て来たので、それをいささか奇異に感ずる人自由＝信教の自由」は、「明治憲法」における「信教の自由」の規定とほぼ同一になる。提を満たすものに限定されるはずである。従って、彼の規定する「個人の宗教・思想の選択の件であるから、個人における「方法論としての宗教・思想」の選択の自由は、当然に、この前も含めた「公＝社会的秩序」の問題であり、同時にこれは彼の「ナッウラの教へ」の絶対的条う問題がある。これがいわば(二)だが、「現世安穏・後生善所」という絶対的前提は、彼個人を

以上は彼における「個＝私」の面だが、これが「公＝社会的秩序」とどう関連するか、とい

いるのであろう。

思想の自主的選択」いわば、「人が神を選択する」という彼の思想的遍歴と同じ形でなされて非常に〝近代的〟といえる。そしておそらく日本人における〝個〟の自覚は、常に、「宗教・意志に基づく「選択」であって、ある思想を基準とした「転向」ではない。この点その態度は

を企図したことにも表われている。またそれが、私が彼を「最初の自覚的な日本教徒」と考えるわけである。事実、日本人の宗教および思想に対する態度は、ハビヤン以来全く変化がないと言ってよく、この点、共産主義者といえども例外ではないことが、最近ますます明らかになって来ている。

だが、前章でのべたように、ハビヤンにおける「個人の宗教・思想選択の自由」と「社会的秩序」との関係づけは、ハビヤン版『平家物語』では『破提宇子』のように明確ではない。しかし明らかにその萌芽と見られるものが、木曾義仲《よしなか》への彼の評価にある。彼は木曾を平家以下と評価し「まことに木曾の悪行は平家のおごった時のしわざにはるかにました」と記している。一体この評価は何から出て来ているのであろうか。ハビヤンは、日本教的自然法に基づく政権は武力で奪取できるものではないと規定していた。頼朝は、あくまでも、不本意ながら「法の執行人」となったのであって、彼自身は絶対に武力で政権を奪取しようとしたのではない、というのが前に記した彼の頼朝への評価だが、これとまさに対蹠《たいせき》的な地位におかれ、「法」を無視し、武力で政権を奪取しようとしたために自滅して行くものとして描かれているのが義仲である。以下に彼が記す義仲の無法を摘記し、ハビヤンが何を「無法」と考えていたか——ということは何を「法」と考えていたかと同じことだが——を調べてみようと思う。

義仲の無法

まず木曾「個人の非礼」の問題が出（巻第三の第十一　木曾が猫間殿《ねこまどの》に会うての無躾《ぶしつけ》と、車に乗って牛にひきずられたこと）、ついで「社会の礼＝秩序」の無視（第十三　木曾都《みやこ》において狼藉《ろうぜき》をなすを法皇からして誡《いまし》めさせられたれば、法皇のござる法住寺殿《ほうじゅうじどの》まで押し寄せて、合戦をし、御所を焼いたこと）が出てくる。そして、ハビヤンにおいては、この二つは、もちろん同一の問題乃至は同一の基本的態度から出た問題であって、両者の間に軽重はない。従って「第十二」の方を、まことにばかばかしい問題として一笑に付すべきではないであろう。この章は「して木曾は都へ上って躾《しつけ》などはよかったか？　また時宜《じぎ》法をも知った者でおじゃったか？」の質問にはじまり、次のように続くのである。

「そのおことじゃ。木曾は都を守護していたが、顔は、にがにがしい男であったれども、立居振舞いの無骨《ぶこつ》さ、もの言う言葉つきの頑《かたく》なしいことは、限りもござなかった。……そのころ猫間殿という人があったが、木曾に談合しようことがあると言うて、木曾が宿所へゆかれたれば、郎党どもが出ように、木曾殿へお目にかかりたい子細があって来た、披露して賜《たも》うれと、言われたれば、やがてその由《よし》を郎党が告げたれば、木曾は大きに笑うて、何？　猫でありながら、人に見参《げんざん》しょうと言うかと、言われたれば、いや、これは猫間殿と申して公家《くげ》でござると言うたれば、木曾さらば見参しょうと言うて、出ようて対面して、猫間殿とはえ言わいで、猫殿のはじめておじゃったぞ、もてなしまらせいと言うて、飯の時分になって新しいものをば何をも無塩《ぶえん》というと心得て、おさかなに無塩の平茸《ひらたけ》があるを早う出せ……配膳する者どもが田舎御器《ごき》のあろう塗ったが、きわめて大きゅう、深いに飯を押しつけて入れて、……木曾が前にも猫間殿の前にも同じように据えたところで……猫間殿は御器の不審さに食われなんだれば、なぜにおまいりあらぬぞ猫殿？……猫間殿も食わずは悪《あ》しかろうと思うて、箸を立てて食う由をせられたれば、木曾はこれを見て、猫は小食《しょうじき》なよ、強いておまいりあれと言われてござった。猫間殿は談合せらりょうずることも多かったれども、その体《てい》を見て、しかし言《ゆ》いもせいで、やがて帰られまらした。

　猫間殿が帰られてから、木曾も出仕をしょうと言うて出立《いでた》ったが、官加階に上がった者が直《ひた》垂《たれ》で出仕しょうことはあろうずることでもないと言うて、はじめて本々《ほんぼん》に束帯《そくと》うたが、その烏《え》帽子《ぼし》ぎわなどの見苦しさ、かたくなしさ、鎧《よろい》をとってひっかけ、甲《かぶと》の緒をしめ、馬にうち乗った時には、似も似ず、見苦しゅうござった。車をば前の平家の宗盛の召し使われた弥次郎という者が、世に従うならいなれば、力に及ばいで召されてやったが、あまりのめざましさに飼いに飼《こ》うた牛の逸物《いちもつ》なに門《もん》を出うとした時、鞭《むち》を一つあてたれば、なじかはよかろう？　とび出《ず》るほどに、木曾は車のうちでのっけに倒れて、蝶の羽《はね》をひろげたように、左右の袖をひろげて起きょうとすれども、ようか起きらりょう。なおも五六町ほどひきずったに、兼平《かねひら》、鞭にあぶみを、もみ合わせて追いついて、何《なん》と何《なん》とと申したれば、牛の鼻が強うて何《なん》ともならぬと言われた。牛飼この分では悪《あ》しかろうず、仲なおりしょうと思うて、そうでござる、手がたに取りつかせられいと申したれば、むずと手がたにとりついて、ようようとして院の御所へ参りついて車をかけはずさせて、後ろから降りょうとしたを、その雑色《ぞうしき》は京の者であったによって、これを見て、乗らせらるる時は後ろから召させられ、降りさせらるる時は前からこそ降りさせられいと申したれども、何《なに》どこも車であれば、すみずをついて降るるに、むずかしいことがあろうぞと言うて、ついに後ろから降りられてござった。まことに笑おうずることは多かったれども、恐れてさすがにそうとはえ言わなんだ」。

いわばこれは、政権担当者としての木曾の「私的秩序」（礼儀作法）の問題である。私的だということは、もちろん、重要でないということではない。世界のいずれの国民であれ、国民というものは、その国民の指導者の教養・常識・礼儀作法には非常に敏感であり、従って、それらの指導者のこういった面の多くは、その国民の前に演出されていることは言うまでもない。その点では自由主義圏も共産圏も同じで、差はただ演出の方法の差にすぎないといえる。またこのことは、いわゆる未開・文明においても差はない。さる〝超大文明国〟の大統領は、その録音テープにあった〝タブーとなっている性的隠語の発覚〟が失脚の重要な一因となったが、一方、未開といわれるあるアフリカの一種族では、その酋長《しゅうちょう》が、落馬で陰部を露出したことが失脚の原因となったという。従って、木曾殿の失脚の一因として、ハビヤンが『平家物語』からこの一章を取り上げたことは、別に不思議ではない。

またこのことは、ハビヤンが、秩序の基本を武力に置いていないことをも示している。彼にとって、武力とは、「ナッウラの教へ」=「法」に反するものへの、刑の執行にすぎず、平家の「悪行《あくぎよう》、法に過ぎ、天のせめのがれがとうて」そこで「攻め奉れと上命をこうむる」ことになったので、仕方なく平家を討って秩序を回復したとする頼朝の態度においてのみ、許される行為のはずである。従って木曾がいかに朝日将軍であろうと、それは、個人が守るべき秩序=礼儀作法を無視する権利があることではない、と彼は考える。そしてこの考え方は、表われ方の相違はあっても、前述のように世界いずれの民族にもある考え方である。確かにこれを無視する者は、いかなる暴君となるか、いかなる想像に絶する虐行を行うか、予想がつかないから、すべての人間が、その人間に権力を委託しておけないと感ずるのは当然である。従ってここで問題とすべきは、むしろ、木曾殿の不法の内実の型、すなわちどういうことをハビヤンが「不法」と考えたか、ということであろう。そしてまず最初に、衣・食および日常生活の「不法」があげられたわけであり、それは、伝統的文化の諸様式への軽侮乃至は無視という形で示されている。当時の日本は（『平家物語』に記されている時代であれ、ハビヤンの時代であれ）、当時の――そしてまた今の――多くの民族と同様に実質的に各個人を拘束している全国的な成文法は存在していない。従って、慣習の無視は、そのまま一切の法の無視となる。そして木曾殿が、自分が武力をもつゆえに、公私ともども一切の法を無視しうると見なしたことに対してハビヤンは、最大の筆誅《ひっちゅう》を加えているわけである。そして彼は、木曾の最期には、全く何の同情も示しておらず、自害すら果し得なかったことを、当然の罰の如くに記しているのである。

では次に木曾殿の、公的な法秩序の無視へと進もう。巻第三の第十三章は「木曾が京で狼藉《ろうぜき》をしたは何たることぞ？」という質問ではじまる。

「さればそのことでござる。京中には源氏の勢《せい》が満ち満ちて、在々所々では入り取《ど》りを多うし、誰《た》が知行《ちぎょう》とも言わせず、青田を刈り、馬に飼い、人の倉をばうち開いて物をとり、衣裳《いしょう》をはぎとり、狼藉をしてござる。平家の都にいられた時、六波羅殿と言うても、ただ大かたにおそろしいばかりで、衣裳をはぎとるまでのことはなかったものを！　平家のかわりになお源氏は劣ったと、申すによって、木曾がもとへ法皇からして壱岐《いき》の判官《はんがん》という人を勅使にたてさせられた。この人は天下にすぐれた鼓《つづみ》の上手であったれば、その時代の人が鼓判官と申した」。

この鼓の判官に対する木曾の態度は、まさに猫間殿への態度と同じなのである。

「木曾対面してまずお返事をば申さいで、そもそもわ殿《との》〔お前〕を鼓判官というは、よろずの者に打たれたか、はられ、叩《たた》かれたかと問うによって、判官返事にも及ばず、急いで法住寺殿へ帰り参って、木曾は嗚呼《おこ》の者でござる。ただ今も朝敵となりまらしょうず。急いで御成敗なされいと、申したれば、さらばしかるべい武士にもおおせつけられいで、山の座主《ざす》、寺の長吏におおせられて、比叡《ひえ》の山、三井寺《みいでら》の悪僧どもを召されたれば、勢《せい》というても、言語道断あさましいやつども、所々《しょしょ》の乞食《こじき》坊主、あるいは京中に礫向《つぶて》い、印地《いんじ》などをするつれの者でござった。」

そういうわけだから、この勢力は軍事的にはもろろん木曾にとって問題ではない。だがしかし、その背後にある伝統的・文化的・法的秩序の力いわば権威は、見逃すべきではない。そしてこれを見抜いたのが兼平《かねひら》であった。彼は木曾に言った。「これこそもってのほかの御大事でござれ。さればとて帝王に対せられて御合戦をさせらりょうずるでもなし。ただ甲をぬぎ、弓《ゆ》弦《づる》をはずいて、降人《こうにん》に参らせられい」と。この兼平の言葉こそ、最上の解決法であったであろう。相手にははじめから軍事力はない。軍事力のない相手に頭を下げれば、それによって木曾の権力は失われるどころか、逆に強化されるはずである。これが天皇制の謎の一つなのだが、しかし義仲はこの意見に従わず、次のように言った。

「木曾大きに腹をたてて、われは信濃《しなの》の国を出た時から、方々の合戦をしたれども、まだ一度《ひとたび》も敵にうしろを見せねば、帝王でござろうとままよ、甲をぬぎ、弓弦をはずいて、降人にはえこそ参るまじけれ。たとえば都の守護としてあろうずる者が馬一匹ずつ飼うて乗るまいか？　さてこれほど多い田どもを刈って馬に飼うたればとて、あながちに法皇のおとがめあろうずることか？　兵粮《ひょうろう》がなければ、下々《したじた》の者どもが辺土などで時々入り取りをしたればとて、深いことか？　公家《くげ》たちや宮々の御所へ参らばこそ、僻《ひが》ことでもあろうずれ。これはひとえに鼓判官がしわざと思うぞ。その鼓、打ち破って捨てい……」ということになった。

木曾の前には、もちろん「所々の乞食坊主」などの烏合《うごう》の衆は鎧袖一触《がいしゆういっしょく》であり、法住寺殿は

「鏑矢《かぶらや》のうちへ火を入れて……射たて」られて火事となり、「猛火《みょうか》天に焼け上《のぼ》って」焼け落ち、鼓判官以下は総崩れとなって逃亡した。

勝ち誇った木曾は法皇を五条の内裏へ押し込めて監視した。「それから木曾はわが館《たち》へ帰って家の子郎党どもを呼び集めて、評定《ひょうじょう》をするは、身は一天の君に向いまらして軍《いくさ》に勝った上は、主上《しゅしょう》になろうか？　法皇になろうか？　主上になろうと思えども……法師になろうがおかしい。よしよしそうあらば関白になろうと思うが、何とあろうぞと言うたれば、覚明という人が言うたに、関白は太織冠《たいしょくかん》のお末で藤原氏《うじ》でござるに、殿は源氏でござりながら、関白にならせられたならば、これこそ世におかしいこと……と言うて、院の御別当というになって、丹波の国を知行していられた。まことに木曾が主上・法皇のわけをも知らいで、むさとしたことを言うたことはおかしいことじゃ。君子は器《うつわもの》ならずとこそ言うに、ひとえに弓矢のことばかりにたずさわったことは、あさましい儀じゃ。まことに木曾が悪行は平家のおごった時のしわざに、はるかましたと世上の取り沙汰《ざた》でござった」。

さて、興味深いのは、この事件に対する頼朝の処し方である。範頼《のりより》と義経が一応京都へ差し向けられたが、法住寺殿が焼け落ちたと聞くと、両名は進撃をやめて、まず京都の実態を鎌倉へ報告させた。そして頼朝はまず、その実力もないのに「乞食坊主」を集めて木曾に対抗するという「不思議なことをし出《だ》いて御所をも焼かせ、歴々の人を殺させた」責任者鼓判官《つづみはんがん》の責任を問うた。そして法皇に、かような者を「なお召し使わるるならば、重ねて大事が出来《しゅつらい》つかまつろうずと、早馬をもって」意見を申しのべた。鼓判官は申し開きのため鎌倉に下ったが頼朝は面会しなかった。もっとも彼は処罰はされず、片田舎に引退した。頼朝が慎重であったのは、今積極的に出れば木曾が平家と手を結ぶ。そうなれば、その勢力はあなどるべからざるものになる。しかし、木曾には政権を運営する能力はないから、しばらく放置しておけば、いずれは自然に崩壊するであろうと予測してのことであった、とハビヤンは見ている。

そして彼の予想はあたった。「そうして木曾は、この分ではなるまいと思うたによって、平家の方《かた》へ使者をたてて、都へ上らせられい、一つに組んで関東へ攻め下って、頼朝を討とうずると、申したれば、平家の大将宗盛は大きに喜ばれたれども、時忠卿じゃは、知盛《とももり》じゃは、なんどという一門の衆は一向これを受けつけられなんだ。子細は世は末になったといえども、木曾づれにかたらわれて御入洛《ごじゅらく》あろうことは、しかるびょうもない。帝王のござることじゃほどに、ただ甲《かぶと》をぬぎ、弓弦《ゆづる》をはずいて降人になって、これへ参れとはおおせつかわされいと、言われたによって、その分に言いやられたれども、これをば木曾もまた許容せなんだ」。

だがここでおそらく木曾は、武力なるものの限界をさとったのであろう。かつて、彼の最も信頼した兼平が「武力のない法皇」に「降人に参らせられい」と彼に忠告した。今はまた、根拠地の殆《ほとん》どを失って、讃岐《さぬき》の屋島《やしま》で「百姓の家をばさすが皇居にすることがならなんだれば、船を御所に定められたれば、宗盛をはじめみな海士《あま》のとまやに日を送り、夜を重ねて、波の上に漂わるれば、少しの間も心静かなことはのうて……」といった平家に対する同盟の申入れは一蹴《いっしゅう》され「降人になって、これへ参れ」といわれた。これでは彼とて、何かを感じないわけにいかなかったであろう。ちょうどそのころ、彼に忠告をする一人の公家が現われた。その言葉がおそらく、ハビヤンの秩序観の一部を代弁しているであろう。

「そうあるところで、松殿と申す公家がござったが、木曾を呼うで、平家の清盛入道はさばかりに悪行の人であったれども、それにうめあわする善根をせらるれば、また世をもおだやかに二十余年治められた。悪行（これはむしろ武力の意味であろう）ばかりで世をもつことは大唐《たいとう》にも、日本にもその例がない。させることもないに、あまたの公家たちの官、位をやめたことなどは沙汰の限りじゃほどに、これらをみな前々《ぜんぜん》のごとくにしたらばよかろうずると、言われたれば、まことの荒夷《あらえびす》なれども、松殿に導かれて、追い籠《こ》めた人びとの官どもをもみな許いて、もともとのようになしまらし、法皇も五条の内裏《だいり》を出させられて、大膳《だいぜん》の大夫《だいぶ》という者が宿所に御自由にござって、思い思いに人をも位に上げさせられ、まずはやおぼしめすままになる心であった」と。

しかし、それと同時に、武力万能という彼の秩序の下に、その秩序のゆえに従っていた兵たちは、当然のことだが解体してしまう。従って、頼朝が範頼・義経を上洛させたときには「木曾はじめは五万余騎ときこえたが」戦争《じょう》のはじまる前に「みな北国へ落ち下って、わずかに残った兵ども叔父の行家《ゆきいえ》が河内《かわち》の長野の城にこもったを討とうとて、樋口《ひぐち》の次郎六百余騎でけさ河内へ下り、残る勢、兼平《かねひら》七百余騎で瀬田《せた》へ向う、仁科《にしな》高梨山田の次郎五百余騎で宇治橋へ向う、志田《しだ》の三郎は三百余騎で一口《いもあらい》を防いだ、と申す」という自壊的状態になってしまうわけである。

「日本教的自然法」への殉教

以上は、武力による一時的覇権が、文化的秩序の前に崩壊していく状態の、まるで図式的といいたい描写——いわば、木曾自身による文化的秩序の無視がまず彼個人の破綻《はたん》となり、ついでそれが全軍を崩壊させて、一切を破綻させてしまうという——だが、では一体ハビヤンは、この秩序の基本を、どのようなものと見ていたのであろう。いうまでもなく秩序とは一つの保障すなわち「現世安穏」を保障する手段である。そしてその手段が、彼の意味する「宗教」のはずである。従って木曾の崩壊を見る彼の目は、もちろんキリスト教徒のそれではない。そしてそこにはすでに『破提宇子』に見られる彼の思想が表われているのである。

興味深いことに、ハビヤンは、殉死という考え方そのものは少しも否定していないのである。平家の各々が、安徳帝《あんとく》を中心とした「一族」という「秩序」に殉ずることを、彼は当然と考えている。従って、次の宗盛の言葉は、ハビヤン自身の言葉か乃至《ないし》はハビヤンも内心で肯定・共感している言葉であろう。

「宗盛しかるべい侍《さぶらい》どもを三百人あまり呼び集めて言われたは、積みおいた善の幸いもことごとくつきて、今は積み重ねた悪のわざわいが身に報《むく》うて君にも捨てられまらして、波の上に浮ぶ落人《おちうど》となって、すでにこのように漂《ただよ》い歩く上は、行末とても頼みあるびょうはなけれども、一樹《いちじゅ》のかげに宿るも前世の契り深《ふこ》う、一河《いちが》の流れを渡るも他生《たしょう》の縁が深いゆえじゃ。いわんや汝らはいったん従いつく渡りなみの人びとではない。代々伝わった主従の間じゃによって、あるいはそば近う使われた人もあり、あるいは重代の恩を深う着た人もあり。この一門が繁昌《はんじょう》した時は、深い恩を受けたれば、今この難儀の時節にも思慮をめぐらいて重恩を報わりょうずることじゃ。かたじけなくも帝王も三種《さんじゅ》の神器《じんぎ》もござれば、何たる野の末、山の奥までも御幸《ごこう》のお供をつかまつろうとは思わぬかと、言われたれば……」

いうまでもなくこの宗盛の言葉は、仏御前の母親と同じ「受恩の義務」の喚起であっても「施恩の権利」の強行ではない。彼は、各人の、自由意志に基づく決断を前提として発言しているのである。そして一同はこれに次のように答える。

「……老いたも、若いもみな涙を流いて、あやしの鳥獣《とりけだもの》までも恩を報じ、徳を報《むく》う心がみなござると、ききまらする」。いわば「受恩の義務」は、人間のみならず自然界を律する法すなわちすべてが従うべき大前提である「自然法」である。ましてや人間で「なかにも弓箭《きゅうせん》にたずさわるならいは二心《ふたごころ》のあるを恥とつかまつる。この二十余年が間《あいだ》、妻子をはごくみ、所従をかえりみること（すなわち「現世安穏」）しかしながら君の御恩でないと申すことはない。しかればすなわち日本のほか鬼界《きかい》、高麗《こうらい》、天竺《てんじく》、震旦《しんだん》までも御幸のお供をつかまつろうずると、口をそろえて申したれば、その時みな色をそっとなおいて、頼もしゅう思われてござる」

この平家に従った者は、いわば、鳥獣すら知っている自然法に殉じたわけだから、人間が何らかの絶対のために「殉ずる」という状態になりうることは、ハビヤンにとって、別に不思議なことでなく、むしろ当然のことである。そしてこの「日本教的自然法」への殉教者を彼は一種の共感をもって描いている。だが、人間が殉じうる対象すなわち「絶対」は、他と代替しえない。代替しうるのは、方法論だけである。

従ってハビヤンは、この殉教と「方法論」にすぎないキリシタンへの殉教とを等置しえない。彼は、宗盛に従った「殉教者」を異常視せず、またキリシタンを殉教させる前に転向させようとした支配者を異常視しないが、転向を拒否して殉教したキリシタンの殉教者に対しては、それが一種異様なもので、その状態は異常な状態と見ているのである。そしてこの見方は、今の日本人の見方と、ほとんど変っていないと思われる。

『破提宇子《はだいうす》』の思想

以上のような考え方が、一つの「思想」の形をとって、要約されて出ているのが『破提宇子』であると思われる。日本人は、前にものべたように、この殉教さえ辞さぬほど絶対化している「日本教的自然法」の内容を口にせず、ただ、外来の思想の一部を拒否するという形で表現してきた。『破提宇子』ももちろんその一例にすぎぬわけだが、前記の『平家物語』の記述と次の記述を照合してみれば、その基本的な考え方の輪郭がほぼつかめるであろう。『破提宇子』の第一段の第三と第四の「破」で、彼はほぼ次のようにのべている。

「提宇子《ダイウ》云《スノイフ》、ゼズ－キリシトモ因位ノ処ハ、本《モト》ヨリ人間ニテ、神ノ垂迹仏《スイジヤクホトケ》ノ因位ニ異《コトナ》ラザレバ、此《コノ》段ハ互ニ暫クサシヲク。神ノ本地《ホンヂ》モ仏ナレバ論ズルニ不レ及。法性法身《ホツシヤウホツシン》ノ処トでうすトヨクラベ看《ミ》ヨ。でうすハ右ニ云シ如ク諸善万徳《マンドク》ノ源也。法性ハ無智亦《ヤク》無徳ト説ク。然ラバ無智亦無徳ノ処ヨリ、如何トシテ此天地万像《マンゾウ》ヲ造作《ゾウサ》セン。其上今日《コンニチ》ノ我等ニアル慮智分別ハ、本源ニ智徳アラズンバ、何トシテカアルベキ。

破《シテ》云、提宇子ハ真理ヲ弁《ワキマ》ヘズ。法性ハ無智無徳ト聞《キイ》テハ不可也ト思テ捨《ツ》レ之《ヲ》。でうすニ智徳アリト聞《キイ》テハ可也ト思テ取《ル》レ之《ヲ》。待《マテ》、我汝ニ真理ヲ説《トイ》テ聞《キカ》セン。先《マヅ》無ノ一字ニモ不可思議ノ謂《イワ》レアリ。『無字《ムノジ》鉄関千万重。誰抜《カテ》ニ這字《コノヲ》一徹《セン》ニ那辺《ニ》一』トアレバ、無ノ一字モ提宇子底《テイ》ノ人ノ知《シル》ベキ義ニアラズ。ヨシ又無智亦《ヤク》無徳ノ語《コトバ》、字面ノ如クニモセヨ、無智無徳コソ真実ナレ。でうすヲ有知有徳《ウチウトク》ト云バ落居《ラツキヨ》スムベカラズ（それで落着するわけではない）。惣《ソウ》ジテ智慧アル処ニハ、憎愛簡択《ケンヂヤク》（選択）ナクテ叶ハズ。去《サレ》バ『法性ハ如《ク》ニ大海《ノ》一、不《ズ》レ説《トカ》三有《アルコトヲ》ニ是非《ゼゼ》二』ト云コソ真実ナレ。又でうすハ有徳ト言テ是ニ誇ル。猶《ナヲ》又一毫《イチゴウ》末断（全く無徳）ノ凡夫ノ説ナリ。『上徳不《ズ》レ徳、是以《ココヲテ》有《アルト》レ徳』人ノ上ニサヘ云フナルニ、でうすニハ是々ノ徳アリト云ハ、却テ不足千万《バン》。老子《ノ》、夷《イ》無色希《ケ》無音微《ビ》無形之三字ヲ挙《アゲ》テ、『此ノ三ノ者不《ハ》レ可レ致《スレ》詰《ケツスルコト》（きわめること）』。右三ノ者ハ見ル事モ不《ズ》レ得、聞《キク》事モ不レ得、取ルコトモ不レ得、言語道断ニシテ、書ニモ伝ヘラレズトイヘルコソ然《シカル》ベケレ。でうすニハ智慧分別アレバ法性ニ越《コヘ》タリト云ヘルハ、笑《ワラフ》ニ不レ堪《タヘ》。虚霊不昧《フマイ》ノ理《コトワリ》ヲバ、汝知ルベカラズ。

提宇子又云、本源ニ智徳ナクンバ、如何トシテ人間ニアル慮智、万像《マンゾウ》ニ備《ソナワ》ル徳義ハイヅクヨリ出《イデ》タルゾ。此理《コノリ》ヲ以テ見ル時ハ、本源ニ智徳備《ソナワ》ラズンバアルベカラズ。

破シテ云、柳ハ緑、花ハ紅、是ハ只自然ノ道理也。柳ノ根ヲ砕《クダイ》テ看《ミ》ヨ、緑モナク、華ノ木ヲ破《ワリ》テ看ヨ、紅《クレナイ》モナケレドモ、自然天然ノ現成底《ゲンジヤウテイ》也。『年々《トシドシ》ニ咲《サク》ヤ芳野《ヨシノ》ノ山桜、木ヲ破《ワリ》テミヨ花ノアルカハ』。根元ニナキ物ノ枝末《シマツ》ニアルハ常ノ義也。『道《タウ》生《ジ》レ一《ヲ》、一生《ジ》レ二《ヲ》、二生《ジ》レ三《ヲ》、三生《ズ》ニ万物《ヲ》ニ』。虚霊《キヨレイ》不昧《マイ》ノ本源ヨリ陰陽生ジテ、清濁動静《ドウジヤウ》ノ気備《ソナワ》リ、天地人共ニ万物ヲ生ジ、我等ガ慮智分別、鳥獣ノ飛鳴《ヒミヤウ》走哮、草木ノ開花凋零《テウレイ》、皆是《ナ》二気（陰陽）ノ転変、清濁動静ニ随フ。古往今来ノ千聖万賢、此理ヲ述《ノベ》ズト云フ事ナシ。孔子ヲ越《コヘ》、老子ニ勝《スグ》ル提宇子ニテアルベカラズ。蔓頭《マントウ》ノ葛藤（ごちゃごちゃしたこと）截断《セツダン》シ去《サル》。」

大分長く引用したが、この中の仏教・孔子・老子・神道の諸説の引用を、一つ一つ原典にさかのぼって、その原点を探る必要はない。『ハビヤン十戒』の場合と同じように、ここに記されているのは、それぞれの原典とは関係ない彼の思想だからである。

まずこの考え方の基礎にあるものは「観察的」というより「感覚的」あるいはむしろ「実感的」ともいうべき、「生物学主義」であろう。すべてを「自然《ジ》天然《ネンテンネン》ノ現成《ゲンジヤウ》」が基本にあると見る点では、自然主義と言ってもよいかも知れぬ。しかし、以上のように定義するならば、その定義こそ「キリシタン的」だと彼から抗議されるかも知れぬ。というのは彼の考え方の根本にあるのは、自覚的な「主義」の否定だからである。

この点、彼の考え方に、今の西欧の一部の思想家の考え方と、ある種の共通点をもっているのが面白い。秩序に対する彼の考え方、すなわち「日本教的自然法」はもちろん、実感的な自然現象、特に動物の親子関係、一定の規制をもつ集団秩序すなわち「鳥獣すら知る」自然法を基とし、「動物さえあの通りである。まして人間においてをや」、という発想になっている。だがしかし、それはあくまでも自分もその秩序の一部として受取ることであって、「慮智」をもってそれを一つの秩序として、自分の外にある対象として観察してはならない、とする考え方なのである。

この関係をわかりやすく説明すれば次のようになるであろう。たとえば、「自然に帰れ」という。しかし、人が自然を「自然」と認識すること自体が、人が自然の秩序の中いわばその「胎内」にいない証拠であり、「自然に帰れ」ということ自体が人が自然状態になり得ないことを示しているにほかならない。人が母の胎内にいるときは、その一部であるから、「母」を意識していない。「母」という意識をもつときは、母の胎を出て、他者としての自覚を不知不識《しらずしらず》のうちにも持って、「母」に対したときである。従って、人は母の胎に帰ることはできない、もし出来たらそのときは母の一部であって「人」でなくなり、従って「母」という意識をもつことはできなくなるからである。自然に対しても結局は同じである。

ハビヤンの日本教的自然法への態度は、まさにそういった「自然に帰れ」的な態度の否定であり、従って、人間の本性は、この自然法に対して「無智無徳」であり、自然法は「大海ノ如ク、是非有ルコトヲ説カズ」また「無色・無音・無形」であり「不可致詰（きわめつくすべからず）」で、「見ル事モ不レ得、聞《キク》事モ不《ズ》レ得、取ルコトモ不レ得……書ニモ伝ヘラレズ」なのである。そして、それが可能となったなら、そのときは、母の胎内に帰りえず、自然に帰ることができないように、この「日本教的自然法」の中で文字通りごく「自然」に生きていることが不可能になってしまうわけである。そして「我等ガ慮智分別」も、そういう「自然ノ道理」（自然法）と根元は同じで、「鳥獣ノ飛鳴走哮、草木ノ開花凋零《テウレイ》」と同じなのであるから、鳥獣草木のそれらと同じように活用すべきで、それを越えれば「悪行法を越え」た状態になり、自滅するわけで、その自滅は鳥獣が自滅する場合と同じはずである。従って、この自然法の秩序通りに生きている者（頼朝）がごく自然に政権を取り、この秩序を全く無視したもの（義仲）は自滅してしまう。

もちろんハビヤンは、いま記したような単純な図式ですべてを見ていたわけではない。自然法に従ったがゆえに滅びるという例ももちろん知っているわけで、宗盛に従って滅びた人びとは、その中に入るわけである。そしてこういう場合、彼はこれを、ごく自然な「殉教」と考えていた。従って、彼が絶対視しているのは日本教的自然法的秩序であり、それに従ってその人がむくわれようと殉教しようと、それは、その位置におかれた個人の問題であって、この秩序そのものは「神」の如くに絶対であった。そして人に自由意志に基づく努力の余地があるならば、それは頼朝の如くに努力すべきであり、また場合によっては宗盛に従った三百人の侍の如くに努力すべきであって、彼も一時は、この努力を生かす最良の方法論として、キリシタンを考え、その殉教をもおそらくそのように見ていたのであろう。

そしてこのような彼にとって、おそらく最初から、現実問題として、何としても耐えがたいものが三つあったに相違ない。一つは「処刑という形の殉教」である。二つはコンヒサンすなわち「告解」であり、三つにはパードレの「人ヲバ人トモ思ハヌ」態度であった。彼にとってこの三つは、義仲同様、あるいはそれ以上の自然法的秩序の無視もしくは冒瀆《ぼうとく》のはずであり、これは、彼にとって絶対の秩序である自然法も、その中におかれた個人そのものも無視することだったはずである。

従って人間をこのような状態におくことは、彼よりすれば「非人間的」なことであった。そしてある状態にある人間を「非人間的」と呼び、人間のある行為を「非人間的」と呼ぶことは、いまの日本でも少しも珍しくない。では、いかなる状態が「人間的人間状態」、いかなる状態が「非人間的人間状態」かと問えば、日本人はこれにハビヤンのように明確に答えない。せいぜい、そういう質問が非人間的だと言うにとどまる。それが、この定義を絶対化している証拠であろう。

第八章　神と人Ⅰ　殉教

キリシタン的殉教と日本教的殉教

人間は生れながらにして、ちょうど動物の本能のように、一つの秩序を体得しており、それがハビヤンの表現を借りれば、「柳ハ緑、花ハ紅《クレナイ》、是ハ只《タダ》自然《ジネン》ノ道理」のように人間の意志では動かしえないもので、「人々己レガ心《ココ》ロニ、誰《タ》ガ教《オシユ》ルトハナケレドモ、此人、ヌスミヲスレバワロシ、人ニナサケヲ掛哀《カケアワレ》ムハヨシト、生《ウマレ》ナガラニ善悪ヲ知分《シリワク》ル智恵ノサフラフ」であるならば、キリシタンの殉教そのものが、許すべからざる罪であり、叛逆《はんぎゃく》になるであろう。というのは、この種の殉教は彼の見る「自然ノ道理」ではない。従って、それは手段を絶対化して、原則を無視することになる。というのは、前述の「人間の意志」では動かし得ない秩序が「ナツウラの法」であり、「是ガでうす人々ニ其マ、与ヘ下サル、教ヘ」すなわち万人を律する原理であって、キリシタンとはそれを遵守《じゅんしゅ》するための方法論にすぎないのだから、この方法論を頑迷に固守して、自分の意志で処刑を選んで殉教すること自体が、「自然ノ道理」すなわちでうすの意志に反することになるわけである。

従って「キリシタン的殉教」という問題は、彼にとって最も大きな問題だったはずである。もちろん彼は、前述のように、あらゆる殉教を否定したのでなく、「血族的秩序」に殉ずること――これは彼の考えでは、「ナツウラの教へ＝自然の道理すなわちでうすの秩序＝神の意志」

に殉じたのだから、当然に称揚さるべき殉教とされている。一方を称揚して一方を非難する、そこに明確に、キリスト教的世界と日本教的世界の断絶の表われがある。

ハビヤンは『破提宇子』で「イブセイ哉《カナ》（恐ろしいことよ）。マルチル（殉教者）トテ法ノ為ニハ身命ヲ塵芥《ヂンカイ》ヨリモ軽クサスル事。賢君天下ヲ治メ玉フニハ、勧善懲悪ノ義アリ。善ヲ勧《スス》ルハ賞、悪ヲ懲《コラ》スハ罰、罰ハ命ヲ絶《ゼツスル》ヨリ大ナルハナキニ、提宇子ノ命ヲタヽル、ヲモ恐レズ、宗旨ヲ替ヘザルハ、誠ニ甚《ハナハ》ダ怖ルベキ者也。此猛悪イヅクヨリ起ルゾト見レバ、第一ノマダメント、万事ニ越《コエ》テでうすヲ大切ニ敬ヒ奉レト云ヨリ也。如レ是《コノゴトク》邪法ヲ弘ムルハ、偏《ヒトヘ》ニ天魔ノ所行也……彼徒《カノヤカラ》ハ真《マコト》ヲ乱《ランス》ル仏敵法敵、特《コト》ニハ国ヲ奪《ウバワ》ントスル残賊（人倫・人道を破る悪党）之徒《トモガラ》也」と。この場合の「国ヲ奪」うは、政治的権力の奪取よりむしろ「日本教的秩序の破壊」の意味であろう。というのは、頼朝が平家から国を奪おうと、徳川家が豊臣家から国を奪おうと、そのこと自体は、彼は少しも問題にしていないからである。

でうすを「ナツウラの教へ」すなわち日本教的自然法の授与者と見ている限り、以上のような問題は起らない。しかし、でうすなるものの実体が、それとは全く違うものであることが、彼にとっては、「キリシタン的殉教」において、否応《いやおう》なく証明されてしまったのである。もちろんハビヤンの殉教への見解には、キリスト教徒の側から異論があるであろう。しかし彼の言葉を単なる誹謗《ひぼう》と見るのは誤りで、その原因はむしろキリシタン側にあると言わねばならない。というのはキリシタン文書『丸血留《マルチル》の道』に出てくる「殉教」の定義には、これが神の課する一種の「信仰試験」いわば本物と偽物とのふるい分けの如くに記され、同時にそれは、ある意味では棄教させないための「言い抜け」のようにも受けとりうるからである。もちろんこれは、「日本教徒の目から見れば」の意味である。ハビヤンは本書を読んだであろう。次にその主要部分を要約しつつハビヤンの見解と対比してみよう。

「……ゼズ＝キリシト御出世《ごしゅつせ》ノ本意ト云《イフ》ハ、天狗（悪魔）ノ所作《ショサ》ト陰《イン》ヘルノ（地獄）ノ道トナル悪ヲユルシ玉イ、でうすヲ尊《タット》ミ奉ル天ノ道ナル諸善ヲ教導《オシエミチビキタマワ》玉ンガ為也。去《サレ》バ、諸悪ノ根元三ツ在リ。一ニハ貪欲《トンヨク》、二ニハ慢気、三ニハ好色、是也《コレナリ》。此三ツ根本ト成《ナリ》テ、有程ノ悪ハ生《ウマル》ル者也。御主《オンアルジ》ゼズ＝キリシト后生（後生《ごしょう》）ノ道ヲ教ヘ玉イ、同《オナジ》ク此三ツノ根元ニ、其了簡《リョウケン》（補正）ヲ加ヘ玉フ者也。夫《ソ》レト云ハ、貧ト（謙ト）難行是也。貧ノ善ヲ以《モッテ》ハ貪欲ノ悪ヲ随ヘ玉イ、謙《ヘリクダリ》ヲ以《モッテ》ハ高慢ヲ亡《ホロボ》シ玉イ、難行ヲ以《モッテ》は撫育《ぶいく》ノ科《トガ》（肉欲・快楽）ト其レヨリ出ル邪妄ノ悪ヲ絶断シ玉フ者也。」

『丸血留の道』もここまでは、ハビヤンとて、基本的には反対はあるまい。というのは、この三悪は、ハビヤンの「人をも人と思わぬ罪」「世を世とも思わぬ罪」と相関関係があるからである。もちろん、ハビヤンの『平家物語』の解釈はこれが基本になっているのだから、それが当然である。従って「ゼズ＝キリシト御出世」がその罪を未然に防いで、「現世安穏・後生善所」に至りうるよう、日本教的自然法からはずれず、それを遵守《じゅんしゅ》できるよう教導してくれたら、大変に有難いはずである。

「世人ハ前知与《ゼンチヨ》（異教徒）ノ福貴《フツキ》栄花ニ栄《サカユ》ルヲ見聞《ミキク》時ハ、果報イミ敷《ジ》キ人也ト云イテ、敬《ウヤモウ》コト常ノ慣《ナラ》イ也。扨亦《サテマタ》ゼズ＝キリシトノ御貧、御パシヨン（受難）ノコトヲ聞奉《キキタテマツリ》テハ、でうすニテ在《マシ》マス御扶手《オンタスケテ》（救世主）ノ御威光ニハ不相応《フサワシカラズ》ト見、不審《イブカシ》ク思イ、軽《カロン》ジ奉ル者在リ。」

だがハビヤンは別に「不審《イブカシ》ク」思わないであろう。彼は、日本教徒の異教徒ともいうべき清盛の福貴栄花を、当然のことと書き記し、妓王や仏御前のように、いわれなきその被害者が存在することを、当然のことと記しているからである。

「縦《タトイ》キリシタン成リトテモ、弁《ワキマエ》ザル者ハ、糺明ニ及ビ狭《セバ》メラル、（迫害される）時ハ、吾ガ宗門ニ屢《シバシバ》此災難ノ在ルコトハ如何ン、若《モ》シ真実ノ教ヘ、后生《ゴシヤウ》（後生）ノ道ニ非《アラズ》ヤト迷《マヨフ》コト多シ。故ニゼズ＝キリシト、右ノ御辞《ミコトバ》ニ、『吾ガ上ニスカンダロ（つまずき）ヲ受ザル者ハ果報也』ト宣《ノタモウ》コト、道理至極也。其故《ソノユエ》ハ、御主《オンアルジ》ゼズ＝キリシトノ御貧賤・御謙《ヘリクダリ》・御パシヨン（受難）ノ御苦患《ゴクゲン》ハ、表向キヲ見奉ルハ、恐敷《オソロシ》ク亦《マタ》見苦敷ク、天地万像《マンゾウ》ノ御主でうすノ尊体ニハ似相《ニアイ》奉ラズト見《ミユ》ルト雖《イエドモ》、御貧賤ノ下ニ、深キ御善徳、御名誉蔵《カク》レ玉《タマイ》テ輝キ玉《タモウ》也。能《ヨ》ク思ヘ、御主ゼズ＝キリシト御在世ノ間凌《シノギ》玉フ御難艱《ナンガン》、苦留子《クルス》（十字架刑）ノ御死去等ハ、皆以《モツテ》人間ヲ扶玉《タスケタマワ》ンガ為也。勿論《モチロン》、御主でうすハ万事叶《カナイ》玉フ御知恵ノ源《ミナモト》ニテ在《マシ》マセバ、一切《イツサイノ》人間ヲ扶玉《タスケタモウ》ベキ道ハ品々《シナジナ》多カリシカドモ、御パシヨン（受難）ノ道ニ、御《ゴ》大切（愛・人情）・御仁徳、其外《ソノホカ》御善徳、最上ナル処、勝《スグ》レテ顕《アラワ》シ玉《タマワ》ン為也。是ニ勝《マサ》リタル道無キガ故ニ、分《ワキ》テ是ヲ撰取《エラビトリ》玉フ者也。然時《シカルトキ》ンバ、イヤシメ奉リ軽ンジ奉ルベキ謂《イワ》レ、更ニ無シ。喩《タトエ》バ、下人《ゲニン》タル者道ニ迷《マヨイ》、アマツサヘ深キ落穴《オチアナ》ニ土泥《ドデイ》ニハマリ、半死半生《ハンジハンジョウ》ナラン時、ソバヨリモ了簡《リョウケン》ハ絶果《タエハテ》、難儀茲《ココ》ニ極《キワマ》ランニ、其《ソノ》主人彼《カ》レヲ引キ上《アゲ》ントテ、吾レト身ヲ下シテ土泥ニ汚《ケガ》レ、其者ヲ扶《タスク》ルコト在《アラ》バ、誰歟《タレカ》彼《カノ》主人ヲ誹謗《ヒホウシ》而イヤシムベキヤ。結句（かえって）、憐《アハレ》ミ深ク大切（愛・人情）有人《アルヒト》哉《カナ》ト誉メアガムベキ道理有《アリ》。如此《カクノゴトク》一切ノ人間ハ善ノ道ニ迷イ、科《トガ》ノ淵《フ》チ、悪ノ不浄ニ汚レ、扶《タスク》ベキ了簡絶《タエ》タル処ニ、忝《カタジケナク》モ主君ニテ在《マシ》マス御主ゼズ＝キリシト、此汚《コノケガレ》タル谷底迄天下《アマクダ》リ玉イ、色〳〵ノ御難儀・御恥辱ニ逢玉《アヒタマイ》テ、吾等ヲ引上玉《ヒキアゲタマフ》也。然ル時ハ、尊《タット》ミ欽《アガ》メ奉テ、御恩ノ御礼ヲ絶《タエ》ズ申上ベキコト本意也。」

この点についても、ハビヤンには何の疑問もなかったと思う。ゼズ＝キリシトが、人が「ナツウラの教へ」を守りうるように、身をもってその模範を示し、そのために死んだのなら、彼は確かにハビヤンにとっても、「日本教的自然法の子」すなわち「神の子」であったであろう。そしてそう見ていくなら、『平家物語』にももちろん殉教者はいるわけである。「ナツウラの教へ」にさからって、「人をも人と思わぬ」者は滅びる。これはもちろん殉教者ではない。しかし、その滅びる者への「受恩の義務」と「血縁の絶対性」とを完《まっと》うするために滅びる者、これは「ナツウラの教へ」に従ったが故の殉教者であろう。従って彼にとって、殉教者とは一種の犠牲者であり、被害者である。従ってハビヤンにとっては、ゼズ＝キリシトに従っている限り、もし殉教したら、それは不当な扱いをうけた被害者のはずであり、従って殉教者のはずなのである。だが、驚くなかれ『丸血留の道』には、殉教者は勝利者で、人を殉教さすのはでうすだと記されている。次にその論理を記すが、ハビヤンのみならず、現代の日本人でも、この論理に納得できる者はおるまい。これは、日本教とは絶対に相容《い》れない考え方だからである。『丸血留の道』は、殉教がでうすの意志によることを、前文と五ヵ条で、説明しているから、次にその要約を敷衍《ふえん》しつつ記そう。

「キリシタンノ上ニ狭《セバ》メラルル（迫害ある）コトハ道理ノ外ト見《ミユ》ルト雖《イエドモ》、其《ソレ》ヨリ出ル徳儀（功徳）甚深《ジンジン》無量ナルニ依《ヨッテ》、でうす角計玉《カクハカライタモウ》者也。是ヲ以《モッテ》キリシタンノ上ニ気遣《キヅカイ》・難儀ノ有時《アルトキ》、少《スコシ》モ動転セズ、タヂロカザル心ヲ以《モッテ》届ク者（教えを守り通す者）ヲ指シ玉《タマイ》テ、御扶手《タスケテ》ノ御辞《ミコトバ》ニ、『末迄（終りまで）届ク者（教えを守り通す者）ハ果報イミ敷《ジ》キ』ト宣《ノタモウ》也。其如亦《ソノゴトクマタ》ヒイデス（信仰）ノ儀ニ付テ、心ヲ乱シ疑ヲ生ジ、終《ツイ》ニ転ブ者ハ果報尽キ果《ハテ》タル験《シルシ》也。然《シカレ》バ、宗門ノ上ニ度々妨有様《サマタゲアルヨウ》ニ、でうす計玉《ハカライタモウ》五ツノ子細有《アル》コトヲ分別スベシ。」

以上のうち、困難があってもたじろぐな、という部分およびそう解釈できる部分は、いわば一つの徳義として、ハビヤンにとっても自明のことであったろう。そしてその困難が、一つの絶対的な「法」すなわちでうすから来ることは、彼は知っていた。それを知っているが故に、彼は、前述のように『平家物語』を改訂したはずである。そして「末迄届ク者ハ果報イミ敷キ」を、彼は、ハビヤン版『平家物語』第二十七「法皇大《お》原《はら》に御幸《ごこう》なされ、女院に御見参《げんざん》あったこと」を記すにあたって、念頭においていると思われる。終りまで耐えしのんだ女院が、この世にありながら「六道」を見たという記述の背後には、おそらく、この見方の影響もあるであろう。次にその部分を引用しよう。法皇が女院の大原の閑居を訪れる、有名な「大原御幸」の一節である。女院は留守、そして待っている法皇のところへ戻ってくる。

「さるほどにうしろの山の細道から濃い墨染めの衣着《き》た尼二人、木の根を伝《つた》いおりくだるが、先に立ったはしきみ、つつじ、藤の花を入れた花筐《はながたみ》を臂《ひじ》にかけ、いま一人は爪木《つまぎ》にわらび折りそえて抱《だ》かれた。花筐を臂にかけさせられたは、かたじけなくも女院でござり、爪木にわらび折りそえ抱《いだ》かれたは維実《これざね》卿のお娘大納言の局《つぼね》でござったが、願いにはたがい、思いのほかに法皇の御幸なされた口惜しさよ。さこそ世を捨つる身とはなったれども、かかる様《さま》で見えまらしょうも心憂う悲しゅうて、ただ消えも入らばやとおぼしめされた。宵々《よいよい》ごとの閼伽《あか》の水をむすぶ袂《たもと》もしをるるに、暁《あかつき》起きの袖の上、山路の露もしげうてしぼりかねさせられ、山へも立ち帰らせられず、御庵室《ごあんじつ》へも入《い》らせられず、はるかにたたずませらるるところに、内侍《ないし》の尼参ってお花筐を賜わり、これほどうき世を厭《いと》い、菩提《ぼだい》の道に入らせらりょう上は、何のお憚《はばか》りがござろうぞ？　はやはや御見参《げんざん》なされ、還御《かんぎょ》なしまいらせられいと申せば、げにもとおぼしめされたか、泣く泣く法皇のお前に参らせられ、たがいにお涙にむせばせられ、しばしはおおせいださるることもなし、ややあって法皇お涙をおさえさせられ、このおん有様とはゆめゆめ知りまいらせられなんだ、たれかこととといまいらするぞと、おおせらるれば、女院、冷泉《れいぜん》の大納言、七条の修理《しゅり》の大夫《だいぶ》、この人どもの内方《うちかた》よりこそ時々、といまらすれ。昔は、あの人びとに、とわりょうとはつゆも思いよりまらせなんだことを、とあって、お涙にむせばせらるれば、法皇をはじめ、お供の人びとも、お袖をしぼりあえさせられなんだ。

女院重ねて申させられたは、人びとにもおくれまらしたは、なかなか歎きの中の喜びでござる。そのゆえは、五障三従の苦しみをのがれ、釈迦《しゃか》の遺弟《ゆいてい》につらなり、人びとの後生《ごしょう》を弔いまらすれば、生《しょう》をかえてこそ六道をば見るに、これは生きながら六道を、見てござると、おおせらるれば。

法皇、これこそ大きに心得まらせね、異国の玄奘三蔵《げんじょうさんぞう》、本朝の日蔵上人《にちぞうしょうにん》の上にこそさようのことをばうけたまわれ、まさしゅう女人《にょにん》のおん身で即身に六道を御覧じょうこと何とござろうか。

女院、まことにことわりのおおせとは存ずれども、六道の様《さま》をあらあらなぞらえて申そうず。この身は平大将《へいだいしょう》の娘で女御《にょうご》の宣旨《せんじ》をくだされ、后《きさき》の位にそなわって皇子を生み奉り、位につかせられたれば、天子を子に持ち奉る上は、大内山の春の花いろいろの更衣仏名《こうえぶつみょう》の年暮《としくれ》、摂籙《せつろく》以下《げ》の大臣公卿《くぎょう》に賞ぜられたありさまは四禅六欲の雲の上、八万の諸天に囲繞《いにょう》せらりょうもかくやとこそおぼえてござったが、さても去《い》んぬる寿永《じゅえい》の秋のはじめ、木曾とやらいう者に都を攻め落され、はるばるの波の上に漂うて、室山《むろやま》、水島とやらの軍《いくさ》に勝って、人びと少し色をなおされたに、また一の谷とかやの軍《いくさ》に負けて、一門数《す》十人、しかるべい侍三百人余り滅びたれば、日ごろの直垂《ひたたれ》、束帯も今は何ならず、鉄《くろがね》をのべて身にまとい、もろもろの獣《けだもの》の皮を手足に巻き、おめき叫うだ声の絶えなんだは帝釈睺王《たいしゃくごおう》の須弥《しゅみ》半天において互いに意趣を争う修羅の闘戦《とうせん》もかくやとこそおぼえたが、山野広しといえども、休もうとするに所のう、貢物《みつきもの》も絶えたれば、旅のつとめに及ばず、供御《くご》はたまたま供《そな》ゆれども、水をも奉らず、大海に浮《うこ》うだといえども、それ潮《うしお》なれば、飲むにも及ばず、衆流海《しゅるいかい》のもうとすれば、猛火《みょうか》となる、餓鬼道の衆生《しゅじょう》もかくやとおぼえた。

さて年月を送るほどに、過ぎた春の暮に先帝をはじめ奉り、一門とともに門司《もじ》の赤間の波の底に沈まれたれば、残りとどまる人どものおめき叫ぶ声、叫喚大叫喚の地獄の底に落ちょうずるも、これには過ぎまいとこそきこえたが。

さてもまた武士どもに捕《と》られて上る時、播磨《はりま》の国明石《あかし》とやらに下りついた夜《よ》、……金銀七宝《しっぽう》をちりばめて、瑠璃《るり》をのべた宮のうちへ参り、先帝をはじめまらし、一門の人びともなみいて同音に提婆品《だいばほん》を読誦《どくじゅ》せらるるほどに、ここは何と申すぞと問うたれば、二位の尼、これは竜宮と答えられたほどに、あらめでたや！　これほどゆゆしい所に苦しみはござるまじいと申せば、二位の尼、この様《よう》は竜畜経《りゅうちくきょう》に見えてござる。それをようよう見させられて、後世《ごせ》をとむらわせられいと申すと思うて、夢はさめた。これをもってこそ六道を見たとは申せ。わが身は命惜しからねば、朝夕《ちょうせき》これを歎くこともなし、いかなろう世にも忘れがたいは、先帝のおん面影、心の終り乱れぬ先にと思えば、ただ臨終正念《しょうねん》ばかりとおおせられもあえず、お涙にむせばせらるれば、法皇をはじめ奉って、供奉《ぐぶ》の公卿、殿上人袂《てんじょうびとたもと》をしぼりもあえさせられず、なおも名残りは惜しけれども、さてあろうずることでなければ、法皇《ほうおう》都へ還御《かんぎょ》なる……」。

ハビヤンにとって、殉教すなわち「教えに殉ずる」ということは、いわば「ナツウラの教へに殉ずる」ことであった。確かに、その殉教の苦難は「教え」そのものから来た。そしてそれに終りまで耐えた女院は、いわば地獄を超克して「日本教的終末」に生きつつ、「救い」を望見しているわけである。

キリシタンの殉教が、これと同じものなら、ハビヤンにとって問題ではない。彼自身も殉教したであろう。そしてキリシタンとしてのハビヤンは、そう解して、この点において、人間の自然《じねん》が他の動物とは違う、と『妙貞問答』で説いているわけである。面白いことに、この伝道文書においても彼は「柳ハ緑、花ハ紅《クレナイ》」で説いている。これは前にも引用したハビヤン独特の「アニマ＝ラショナル論」――大体「理性論」と見てよいであろう――だが、結論として「天地同根、万物一体トハ申也」ではあるが、それは「鳥ハ獣《ケモノ》ニ非ズ、草ハ木ニアラザレドモ、事相滅スレバ同ジ理性（ここでは本質の意味）ニ帰ス」の意味であって、鳥と獣とが同じでないように人は別である。人は、「ナツウラの教へ」を自覚しうる。そしてこれを自覚しうるのが人であるから、従って人は、動物とはちがって「ナツウラの教へ」に違犯しうるのである。違犯しうるから「人をも人と思わぬ」罪をおかす。しかし一方において、この自覚があればこそ、人はあらゆる苦難に耐えても、「ナツウラの教へ」を守りうる。動物は「飢来《ウエキタ》レバ食ヲ求メ、渇《カワキ》ヲ、ボユレバ水ニヨリ、ネブリノキザセバ眼ヲ合セ、ツルミ（交尾）スベキ時節ノ至レバツルミス」と同様に「人モ飲食《オンジキ》ヲナシ、起臥《オキフ》シヲシ、夫婦ノ中ニハマジハリ有事《アルコト》ヲ先《サキ》トシ」であってこの点では変りはない。しかし人にはもう一つのことがある。すなわち「今一重《ヒトエ》ノ用トハ、物ノ理《コトワリ》ヲ知リ、仁・義・礼・智・信ノ理《コトワ》リヲ心ニ掛《カケ》、ナカラン跡《アト》ノ名ヲ思フ。後生《ゴシヨウ》ニハ善所トイノル事ヲ先《サ》キトシ、是非善悪ヲ論ズルコト已下《イゲ》（以下）ハ、是又《コレマタ》一ツノ用也。此用ノ陶《スワ》リ所ナル性体ナクテ叶フベカラズ。此性体ハ人ノ身ノ内ニ有テ、目ニモ見ヘズ、手ニモ取ラレズ。是ヲアニマ－ラショナルト申侍《マウシハベル》」わけである。

だが、ハビヤンのこの考え方には、一つの前提がある。それは「ナツウラの教へ」そのものには、人間のように、自覚やそれに基づく意志があってはならないことである。それは「鳥ヤ獣」をも無自覚で従わせる「法」であるから、「法」自体もしくはその授与者は自らの意志を自覚する人格ではありえない。従ってハビヤンにとっては、でうすと議論をすることがありえないのは、大自然と議論することがありえないのと同様である。

当時のキリシタンは聖書とは不縁の存在であった。聖書の日本語訳という計画が皆無ではなかったらしいが、キリシタンの伝来から徹底的な禁教までの約百年、これの翻訳が具体化した形跡は全く見られない。その理由は推測しかできないが、おそらく、これが翻訳された場合には宣教にとってかえってマイナスだという配慮は、当然あったことと思う。だが、ハビヤン個人はどうであろうか。パードレの日本語教師であった間は、おそらく、「聖書を直接に読むこと」が不可能だったわけではあるまい。そして「聖書を読んでショックの余り棄教した」と想定できれば大変に面白いし、どの点にショックを感じたかがわかれば多くの問題が直接に解決できるであろうが、彼が書いたものを徹底的に調べても、残念ながら、その証跡は発見できない。しかし彼が、当時の日本人の中で最も聖書に近い位置にいたことは否定できないであろう。そしてもし彼が『ヨブ記』の内容を知ったら、それだけで、彼を棄教さすに十分であったろう。神が、神に対して最も忠誠であったヨブを故意に試練にあわせてその忠誠を試み、一方ヨブは、徹底的に神と論じ合うといった世界は、「ナッウラの教へ」が絶対化されている世界では、到底、想像もできないからである。否、楽園追放すら、彼には受け入れられない。「三世了達《さんぜりようだつ》＝全智全能」なら、そういう必要はないと彼は考える。従って、彼にとって自由意志に基づく選択とは、――それが殉教のような極限状態におかれた選択であっても、――結局は、「女院」の選択のような形になるはずである。

以上の考え方からすれば、「ナッウラの教へ」の授与者が「人を選ぶ」などということはありえない。「教へ」は自由意志でないから、人がその教えを選ぶか選ばないかはありえても、その逆はありえないはずである。従って、教えに従って殉ずるか否かをきめるのは人間の側であっても、「教へ」の側ではありえない。その考え方は結局、人には選びはありえても、神には選びはありえない、ということである。従って日本人には「神の選び」という考え方は皆無であり、選びはすべて人の側にある。従ってどの神を選ぶかは人間の自由であり、ここに、人間が絶対者であって、神は選びの対象にすぎないという結果となる。いわば「神」は方法論なのであって、尊重さるべきものは人間という概念である。この点でも、ハビヤンと現代の日本人の間には差はない。

キリシタン文書『丸血留《マルチル》の道』

この点から見れば、「第一　キリシタンノ上ニペルセギサン（迫害）在ル様ニでうす計《ハカラ》イ玉フ子細ノ事」という標題自身がハビヤンにうけいれられないであろうが、その中の五ヵ条の一つ一つが、彼にとっては、どう解釈しても納得しかねる面があったに相違ない。まず一から順々に、その要旨を紹介しよう。

「一ニハ、真実ノキリシタント偽《イツワリ》蟠《ワダカマリ》（偽善）タルキリシタンノ顕《アラハ》ル為也。人ニ依《ヨッテ》ハ、ヒイデス（信仰）ニ燃《モユル》ニ心ヲ傾《スワ》ケズ、上《ウワ》ノ空《ソラ》ニ而《テ》、人並《ナミ》ニキリシタンニ成ルガ故ニ、でうすヲ信ジ奉ルヒイデスノ地盤居ラヌ也。でうすノ御奉公ノコトヲ尊上（最高）ニ弁ヘ奉ラザル故ニ、御恩ヲモ見知ラズ、后生《ゴシヨウ》（後生）ノ様《サマ》ヲモ心ニ懸《カケ》ズ、御掟（ヲ）保《タモタ》ズ、恵化礼《エケレ》ジヤ（教会）ノ下《ゲ》知《ヂ》ヲ背キ軽ンジ奉リ、コンヒサン（告解）ヲ申シ、ミイサ（ミサ）ヲ拝ムコトハ吾ガ為ナラズ、人ノ為ナル様ニ、不請《フセウ》（不本意）ニ心得、表向ハキリシタント償《ツクノ》イ（と他人には見えるよう振舞《ふるま》い）、善事ニ怠ル耳非《ノミニアラ》ズ、結句悪キ鏡ヲ以《モッテ》人ノ妨《サマタゲ》ト成《ナル》ニ依《ヨッテ》、其偽リノ顕《アラワ》ル様ニでうす計《ハカラヒ》玉《タモウ》者也。――そこで迫害があれば、こういう信者は去るからいわば淘汰《とうた》が行われ、それらが去るのは「諸病ノ根本ナル痰水《タンスイ》ヲ吐出《ハキイダス》」と同じこと、従って――常ニ悪キ鏡ト成タル悪人ドモ、恵《エ》化《ケ》□《レ》□《ジ》□《ヤ》（原文欠損）ヲ遠去《ザカ》ルニ依《ヨッテ》、残所《ノコルトコロ》ノキリシタン弥々《イヨイヨ》信力堅固ノ息災ヲ得ル者也」。そこで、迫害は真の信徒にとっては恩恵であることになる。

「二ニハ、御身《おんみ》（でうす）ノ力ノ程ヲ顕《アラハ》シ玉《たまハ》ン為ニ、妨《サマタゲ》有様《アルヨウ》ニ計《ハカライ》玉《タモウ》者也。――いわば、神の力の誇示だということになる。なぜそういえるか――故《ゆえ》如何《イカ》ントナレバ、何タル妨ノ無キ時トテモ、加程《カホド》人間ノ生レ付（自然）ニ敵対《テキト》フ（反対する）御法《みのり》ノ弘《ひろま》リ、崇《アガメ》敬《ウヤモウ》コト繁昌スルコト、人力ノ業《しわざ》ニ非ザレバ、甚《ハナハダ》以《モッテ》深キ奇特《キドク》（奇跡）也ト雖《イエドモ》、偽ノ宗旨ダニ、無事ナル時節ニハ、栄《サカユ》ルコト有慣《アルナライ》ナレバ、至《イタッ》テ奇特ナラズトモ云《イイ》ツベキカ。然《シカ》ト雖《イエドモ》、キリシタンノ御法耳《ノミ》ニ下界ノ悪王・悪守護ニ責《セメ》ラレ、諸《モロモロ》ノ天魔ノ障碍《ショウゲ》ノ中ニ於《オイ》テ、退転（絶えること）無ク弥々《いよいよ》栄《サカユル》時ハ、是《これ》でうす、ノ御力ノ勝《すぐ》レテ顕レ玉コトニ非《アラズ》ヤ。――従って迫害・殉教は神の意志である。それゆえその――当座ハ宗門モ衰ヘ、御教モ弱リ行体《ユクテイ》也ト雖《イエドモ》、強《ツヨキ》キリシタンノ手柄ヲ見ル時、是《これ》人間ノ力ニ非《アラ》ズ、御掟《ごおきて》ハ私《わたくし》シナラヌコト也ト、前知与《ぜんちヨ》（異教徒）迄モ弁《ワキマユ》ル者也。此ノコト今日本ニ於《オイテ》眼前ニ歴然タルコトナレバ、具《ツブサ》ニ論ズルニ不及《オヨバズ》ト雖《イエドモ》、能《よ》ク心ヲ付テ見ヨ。此ペルセギサン有故《アルユエ》ニ、キリシタンタル者ハ弥々《イヨイヨ》信心ニ元付《もとづき》（近づき）、前知与ドモ或《アルイワ》談儀ヲ聞キ、貴《タットキ》バウチズモ（洗礼）ヲ授《サズカリ》、或《アルイハ》キリシタンニ成リ度《タ》キトノ深キ望ノ程ヲ顕シ、亦ハキリシタンニ未《イマダ》ナラズト雖《イエドモ》、ハヤ其帳ニ付キ（記帳し）、穿鑿《センサク》（取調べ）ノ場ニ出《イズル》モ有リ。然耳《シカノミニ》非《アラ》ズ、エワンゼリヨ（福音）ノ弘手《ヒロメテ》数多在《あまたまし》マシテ、弘《ヒロメ》ラレタル時ヨリモ、此ペルセギサン故、貴《タットキ》丸血《マルチ》レス（殉教者）ノ道ヲ以《モッテ》、隣国近郷ノコトハ云ニ不及《オヨバズ》、日本国ノ隅《スミ》々迄モアマネク聞ヘ渡《ワタリ》シ者也。然時《シカルトキ》ハ、是前知与ノキリシタンニ成ベキ便《タヨリ》（きっかけ）ニ非《アラズ》ヤ」。そこで、迫害・殉教はでうすの意志ということになり、この論法をさらに進めていくと三になる。

「三ニハ、キリシタンノ教ハ真実也ト云コトヲ顕《アラワ》シ玉《タマワ》ンガ為ニ、妨有様《アルヨウ》ニでうす計玉《ハカライタモウ》者也。生得《しょうとく》（元来）偽《イツワリ》ト寔《マコト》ハ、糺《タダス》ヲ以《モッテ》其実否《ジップ》猶明《ナヲアキラカ》ニ顕《アラワルル》者也。偽ハ糺明ニ及程、其《その》首尾次第ニ違《タガ》イ、真《マコト》ハ穿鑿《センサク》ニ逢《アイ》テ、其正《タダシ》キ道猶明《ナヲアキラカ》ニ見《ミユ》ル者也。……古《イニシエ》ノ丸血礼子《マルチレス》（殉教者）ハ呵責《カシャ》クヲ受玉程《ウケタモウほど》、其心中ノヒイデス（信仰）ハ猶強成玉《ツヨクナリタモウ》也。御掟ノ道、真ノ教ナラズンバ、予歟《イカデカ》（どうして）、諸《モロモロ》ノ丸血礼数《マルチレス》、殊更《ことさら》若年ノ物、弱キ善女人達、宗門ニ対而《シテ》古郷ヲ捨《ステ》、親類・知音（友人）ヲ離レ、財宝・威勢・位ヲ捨テ、人々、郷ヲ捨《ステ》、命ヲ果シ玉《タモ》フコト」がありうるであろうか。これこそ何にもまして、キリシタンの教えが「真実」であることの証明になるであろう。

だがハビヤンには、この点でももう一つの面の明確な異論があったに相違ない。というのは、『平家物語』を改訂していくうちに、彼は、明らかに殉教のこの三と同じことを表わしている人びとに、つきあたったからである。従って、このことが、「キリシタンノ教ハ真実也」の証明であるなら、その証明はあくまでも相対的なことで、それなるがゆえに、キリシタンのみが絶対とはいえないことになる。

「四ニハ、一切ノキリシタン、でうすノ御恩ヲ見知リ奉ラザルガ故ニ、御折檻《セッカン》（こらしめ）ト而《シテ》ペルセギサン有様《アルヨウ》ニ計玉《ハカライタモウ》者也」となっている。だがこの文章もこれにつづく文章も非常に意味がとりにくい。第一、前文をそのままに読めば、「すべてのキリシタンは恩知らずだから、こらしめるため迫害がある」ととれる。だが文章の切り方をかえ、主意の重点を移すと「異教徒がでうすの恩を知らないから、これへのこらしめとして、すべてのキリシタンの上に迫害がある」とも読める。おそらく両方を意味した文章で、キリシタンの内部にあってもでうすの恩を知らない者と、はじめからそれを認めようとしない異教徒をともどもに、こらしめるための趣旨であろう。ではなぜ、キリシタンを迫害することが、キリシタン以外の者への「折檻」となりうるのであろうか。

まずこの場合の「でうすノ御恩」とは具体的には何であろうか。「其御恩ト云《イウ》ハ、御法《ミノリ》ヲ弘メ、后生（後生）ヲ扶玉《タスケタマワ》ン為ニ、数々ノPe《パアテレ》ヲ、異国ヨリ難海ノ遠路ヲ凌《シノギ》テ、此国《コノクニ》迄遣《ツカワ》シ玉イ、其外《ソノホカ》エワンゼリヨ（福音）ノ導師ヲ数多《あまた》与ヘ玉《タモウ》コト也。是亦《コレマタ》自己ノ徳ニ非ズ。只人ノ扶《タスカリ》ノ為也」と。すなわち、パードレたちがわざわざ日本に来たこと自体が、でうすの御恩のわけである。ところが「前知与ニ依《ヨッテ》ハ、御法《ミノリ》ノ道理ヲモ聞入ズ。剰《アマッサ》ヘ種々ノ障碍《ショウゲ》ヲナシ、御法ヲ罵詈《メリ》誹《ヒ》謗《ホ》（ののしり、そしる）スル也」という恩知らずがいる。いやそれだけでなく、イエスの場合と同様に「却《カエッ》テ御敵ヲナシ奉タルガ故ニ、天罰ト而《シテ》悉《コトゴトク》滅亡サセ玉フ者也。御罰《ごばち》ノ極《キワメ》（結果）ハ御恩ヲ見知奉ラヌ故也」であるという。この論法を押しすすめれば、迫害をさせるのは、異教徒に天罰を下し地獄《インヘルノ》へ落すためだということになり、これが「折檻」ということになるであろう。また一方において「キリシタン内ニモ扶《たすか》リノ合力《こうりょく》（援助）ト善行《ぜんぎょう》ノ導キ手多《オオク》有ルコトヲ、御恩トモ弁《ワキマエ》ズ而《シテ》、修善退悪《しゅぜんたいあく》ノ勧《ススメ》ニ随ハザルニ依《ヨリ》、其御折檻トシテ」迫害が存亡し、そういう人びとをそれによって一掃するのだ、従って、以上の二つの面から、迫害・殉教はでうすの意志で行われているのだ、というわけである。

　そして、結論的に出てくるのが次の五である。

「五ニハ、キリシタン色々ニセメラレ、数々ノ難艱《ナンガン》ヲ以《モッテ》、キリシトノ御行跡《ごこうせき》ヲ学《マナビ》、其道《そのみち》ヨリパライゾ（楽園）ノグラウリヤ（栄光）ノ台《ウテナ》ニ至ラセ玉《タマワ》ン為ニ、ペルセギサン有様《アルヨウ》ニ計《ハカライ》玉者也。御主宣如《おんあるじノタモウゴトク》、『キリシト苦ミヲ凌《シノ》ギ玉イ、其道ヨリ御身ノグラウリヤニ至玉《タモウ》コト肝要也』ト。真《マコト》ニ御主キリシトサヘ天地ノ御主ニテ在《マシ》マセバ、何《イズ》レノ道ヨリ入玉《イリタモウ》ベキモ、思召ス儘《ママ》也ト雖《イエドモ》、如此《カクノゴトキ》難儀辛労ノ道ヲ撰取リ玉フニ、如何ニ況《イワン》ヤ、悪人ノ身ト而《シテ》、栄花栄耀ニテパライゾニ至《イタラ》ント思ヤ。世界（この世）ニテサヘ、辛労無而《ナクシテ》、徳ヲ求ムルコト無シ。喩《タトヘ》バ、農夫耕作ノ辛労ヲ以《モッテ》秋ニ取納シ、亦商人ハ渡海ノ難儀ヲ凌《シノギ》、辛労ノ汗ヲ以売買ノ利ヲ取リ、武士ハ戦場ニ命ヲ捨テ、危キヲ省《カエリミ》ズ而《シテ》所領ヲ求《モトム》。況ヤ天ノ国ニ於《オイテ》ヲヤ」。

　以上の言葉には、確かにハビヤンや他の日本人に受け入れられる面はある。その面とは言うまでもなく、日本教と共通の面である。しかし、どんなに納得しようとしても納得し切れない一面が、ハビヤンにもあったはずである。それはこの思想の背後にあるもの「人間は神の手段であり、すべては神の栄光の現われんがため」という考え方であろう。すなわちここでは、主人公は人間ではない。そして神という概念は、人間以上に徹底した「自由意志」そのもの、すなわち絶対者であって、あらゆる絶対権をもち、一切の釈明の義務を負わない対象なのである。

だがこの問題はさらに「コンヒサン」または「こんちりさん」（告解）に対するハビヤンの解釈のところで探究するとして先へ進もう。以上の五つが第一条の中に含まれるわけで、以下第五条までつづくが、中には「右ニ顕《アラワ》シタル理ニテ大形《おおかた》開ケタリ」と記されているように第一条の敷衍《ふえん》にすぎないものもあるし、また「告解」と密接に関連するので、その方で改めて取り上げねばならないものもあるので、それらを除き、「第三条　でうすヲ陳ジ（否定する）奉《タテマツル》コトハ如何程ノ重罪ゾト云《イウ》コト、幷《ナラビ》ニ了簡ヲ加《クワユ》ル（誤りを正す）事」を取り上げよう。ここにもまず前文があり、ついで「ころぶ」者が失わねばならぬ十の対象があげられ、次に四つの「ころぶ」場合がとりあげられている。

「去《サレ》バ、御恩ヲ見知リ奉ラザルサヘ深キ科《トガ》成ルニ、狼藉《ろうぜき》ノ数ヲ尽シ、御掟ヲ指シ捨テ、でうすヲ陳ジ奉《タテマツル》コトハ如何程《いかほど》ノ科成ルベキヤ。真ノ道ヲ見知リテヨリ転ブ者ハ、進退《しんだい》ヲ改《アラタメ》ズンバ、御掟ヲ見知ラザル者ヨリモ、陰《イン》ヘルノ（地獄）ノ苦《クルシ》ミハ猶深カルベキ者也」であり、従って、その罰は「来世ノ苦患ニ限ラズ、現世《げんぜ》ニテモ、ハヤ、アニマ（霊魂）・色体（肉体）ノ上ニ数多《アマタ》ノ損失ヲ受始《ハジム》ル者也」とある。

その十とは、㈠キリシタンニ成リテヨリ以来ノキリシタン、ゼ順・ヂシピリナ（断食《だんじき》と鞭打《むち》ちなどの苦行）等ヲ以《モッテ》求シ程ノ功力、悉《コトゴト》ク空《ムナシ》ク成也。㈡バウチズモ（洗礼）ノ時、でうすヨリ与ヘ玉フガラサ（恩寵《おんちょう》）・カリダデ（愛）ヲ始ト而《シテ》、スピリツ－サント（聖霊）ヨリ与ヘ玉フドウネス（賜物）ヲ失イ、其上スペランサ（望み）トテ、后生（後生）ヲ扶《タスカラ》ントテ頼母敷《タノモシ》ク思《オモウ》善・ヒイデス（信仰）迄モ、次第〳〵ニ弱《ヨワ》リ、人ニ依《ヨッテ》ハ、悉《コトゴトクウシナウ》失コトモ有也。㈢縁天チメント（悟性）ハ乱レ、ヲンタデ（意志）ハ善事ノ為ニ弱ク成リ、万《ヨロズ》ノアペチト数（欲望）ノ邪《ヨコシマ》ナル望盛ンニ而《シテ》、損《そこ》ネタルナツレザ（本性）ハ色身（肉体）ノ儘ニ成リテ、只ツナガザル荒馬ノ如成ル也。㈣心御無事ヲ失イ、コンシエンシヤ（良心のとがめ）ノ虫日夜ニ喰《くら》イ付《つく》也。若《モシ》人有リテ、コンシエンシヤニ少《スコシ》モ掛ラズト云ニ於ハ、是即猶以《なおもって》深キ御罰也。是只一篇ニ（まったく）動キ働クコト無キ死骸ニ異《コトナラ》ズト知ルベシ。㈤天多サン（誘惑）ヲ防《フセグ》為ニ、力無キ也。㈥転ビタル悪キ鏡ヲ、キリシタンハ云《イウ》ニ不及《オヨバズ》、前知与迄誹謗スル題目ト成リ、強キキリシタンハ善ノ種子ト成ガ如《ゴトク》、衮《コロビ》タルキリシタンハ悪ノ種子ト成者也。㈦キリシタンの教ヲ替ルヲ以《モッテ》、心中ノ臆病顕《アラワ》レ、万民ノ嘲リヲ遁《ノガレ》得ズ。㈧衮《コロブ》ヲ以《モッテ》、でうすノ御人数ノ内ヨリ放サレ、天狗（悪魔）ノ奴《ヤツ》コト成也。㈨諸ノ安如・ベアト、取分ケ守護ノ安如（いずれも天使）ニ嫌《キライ》、ウトマル、者也。（十）でうすニ離奉者也。……天上ヨリ陰《イン》ヘルノ、底迄落サレタル留志《ルシ》ヘルガ如《ゴトク》、天の国を失、陰《イン》ヘルノ、苦患ヲ受ズ而《シテ》叶ハザル身ト成者也。

このうち㈡㈥㈦などは、いわば一般的な裏切りの場合と同じであり、ハビヤンとて、転向におけるこれらのマイナス面は、当然に、承認するであろう。次に人が何のゆえに転向するかである。それは前述のように、四つで、次の通りである。

「一ニハ知行・財宝ニ目ヲ懸テ衮《コロブ》コト」――「寔《マコト》ニ笑ニ堪ヘタル題目ナリ」とあり、これについてくわしい説明があるが、詳述の必要はあるまい。財宝に目がくらんで転向するなどということは、ハビヤンにとっても許しがたいことだからである。そしてまた「二ニハ、妻子ト知音（友人）ニ対而《タイシテ》キリシタンヲ袞《コロブ》コトハ、右ニ劣ラヌ迷也」も、同じことであろう。特にハビヤンには妻子はいないし、また友人といえば、キリシタンだけである。従って彼の場合は、「知音ニ対而《タイシテ》」なかなか転べなかった面があるはず、そして『破提宇子』に見られるように明らかにそれを振り切っているのだから、こういう転向に対しては、ハビヤン自身が軽蔑《けいべつ》したであろう。また「四ニハ、苦患《くげん》ト成敗ヲ恐テ、キリシタンヲ袞《コロブ》コト臆病至極也」も、同じであろう。ハビヤンの場合は、棄教したために逆に生命をつけねらわれた。従って臆病なら逆に棄教できないわけである。

従って問題は「三ニハ、世界（現世）ノ主人ニ対シ、其名重キトテ袞《コロビ》テでうすヲ背奉《ソムキ》ルコト」と、ここにあげられていない純粋の「思想上の転向」いわば外部からの影響によらない「内心からの転《カ》向」であろう。「三」には前文につづいて次のように記されている。これは「迷ノ上ノ迷也。彼レハ愚カナル主人、是ハ天地ノ主君ニテ在《マシ》マシ、彼レハ現世ノ主人、是ハ今生・后生（後生）ノ御扶手《タスケテ》、彼ハ吾等同性（同質）ノ人間、是ハ御威勢・御威光ノ御主でうすニテ在《マシ》マシ、彼レハ少ノ恩賞ヲ与へ、是ハ限無キ御恩ノ御与へ手ニテ在《マシ》マス也。此御恩ノ数々ヲ誰歟《カ》数へ尽スベシ。……眼ヲ開テ能《ヨク》見ヨ。世界（この世）ノ主人ニ仕ハル、者ハ、昼夜ノ絶《タエ》間無《マナク》奉公スルト雖《イエドモ》、少ノ懈怠《けだい》有レバ、或《アルイハ》其職ヲ取放、或ハ知行ヲ没収セラレ、亦ハ籠者ノ身〔牢の中の身〕トナサレ、終ニハ命ヲモ失ハル、コト多キ也。御主でうすハ、犯セシ科《トガ》ヲ真実ニ后悔《こうかい》ヲサヘ仕《つかまつ》レバ、タヤスク免《ユルシ》玉フ耳《ノミニ》非ズ、剰《アマツサ》ヘ御子ノ位ニ召シ成サル、者也。扨《さて》亦御恩ノ上ノ御恩、御大切ノ上ノ御大切ト申奉ルハ、御パシヨン（キリスト受難）ニ極《キワマル》也。……去《サレ》バ、加《か》程《ほど》ノ御恩ノ御与ヘ手、御大切深ク在《マシ》マス御扶手《タスケテ》ヲ、アダナル世界（この世）ノ主人ニ替《かえ》奉《たてまつる》者ヲ、慮智分別有ル人間トハ更ニ以《モッテ》云難シ」であると。

ここで本稿の冒頭にもどろう。冒頭に引用した『破提宇子』の言葉は、そのままこの殉教の規定への否定である。彼には、たとえ他の理由は一応納得しても、これは納得できなかった。なぜなら、これを容認すれば彼が絶対視した「ナツウラの教へ」の世界、しかもキリシタンこそそれの教えを全うするはずの教えが、崩壊してしまうからである。そしてこの中の、でうすが「タヤスク免玉《ユルシタモ》フ」が、現実問題としてはパードレが告解で「タヤスク免玉フ」であることになり、これがまた彼には容認できぬことになった。

この「コンヒサン」の問題は前述のようにもう一度論ずるが、「天上の主、現世の主」と分けて二者択一の際は、殉教しても「天上ノ主」を選び、またその天上の主の代行人であるパードレに赦免の絶対権があるとすれば、『破提宇子』において「コンヒサン」を非難した言葉は、彼にとって日本教的秩序とキリスト教的秩序において、絶対にゆずれない一点を指摘しているといえよう。

「サル事ニテ候。ゼズ＝キリシト在世ノ時、ペイトロト云《イウ》第一ノ弟子ニ、『汝地ニテ赦スベキ科《トガ》ヲバ、我《ワレ》天ニ於テモ赦スベシ』トノ約アリシ故、コンヒサント云《イウ》義ハ始リタリト云《イウ》。去《サレ》バコンヒサンノ時ハ他ヲ近付《チカヅケ》ズ、我ト伴天連ト只二人相対シテ、山賊・海賊等ノ義ヲナシ、若《モシク》ハ父ヲ殺シ母ヲ殺ス五逆罪、国家ヲ傾《カタム》ケントノ謀反・反逆等ノ大犯也《タイボンなり》トモ、残ラズ懺悔スルニ、伴天連聞《テ》レ之《ヲ》赦セバ、其罪消滅スルト云フ。サリトテハ魔法ニテ候ゾ。国家ヲ覆《クツガエ》ス程ノ大逆ヲモ、伴天連聞テ赦セバ、其罪消滅スルゾト教《オシユ》ルハ、偏《ヒトエ》ニ科《トガ》ヲ犯シテモ苦シカラヌ物ゾト弘ムル同前也。是ヲ以テ見ル時ハ、伴天連ハ残賊ノ棟梁、謀反殺害《セツガイ》人ノ導師トモ云《イイ》ツベシ。トニモカクニモ、イヤナル宗旨ト思召《オボシメ》セ」。

第九章　神と人II　懺悔《ざんげ》

虚構の中の真実——懺悔の否定

ハビヤン版『平家物語』には、どのような意味においても懺悔といえる場面は皆無である。否、むしろ逆であって、すべての人は「事実を口にしてはならない」「真実を口にせず、その前後のみを口にせよ」ということを一つの原則として行動している。従って、この世界は、極端な表現を使えば、その会話はすべて虚偽であり虚構である。そしてこの虚構の応酬により、相互に虚構性を消去して真実を見出《みいだ》そうとする。従って、だれかがもし真実を口にしたら、一切が崩壊してすべてが逆に虚構になってしまう世界なのである。

この状態を芸術ないしは芸術的様式美の世界にまで高めたのが歌舞伎の『勧進帳《かんじんちょう》』であろう。ハビヤン版『平家物語』でも、いたるところで〝勧進帳〟が演ぜられ、すべての会話はそれだけで構成されている。『勧進帳』については「にっぽんの商人」で詳説したから再説しないが、これは、一言に要約すれば、劇という虚構の世界で、虚構の山伏である弁慶《べんけい》が、手紙にすぎない虚構の勧進帳を読みあげ、富樫《とがし》はこれに虚構の納得を表明し、虚構の主人の弁慶が虚構の従者義経に虚構の懲戒を加え、これに富樫が虚構の承認を与え、そして観客はこの虚構の世界に真実の感動を示すわけである。これが史実なら、富樫は鎌倉へ虚構の報告を送り、そしておそらく頼朝は、これを虚構と知りつつ承認するということになるわけであろう。この間、もしだれかが、一言でも〝真実〟を口にしたら、この秩序は一切が崩壊してしまう。従って、一切を虚偽の言葉で構成しない限り、観客を感動さす「真実」の世界は構成できないわけである。

この観点から、ハビヤン版『平家物語』を見ていくと、これもまさに〝勧進帳的虚構の世界〟であり、それだけの世界なのである。そして自己を率直に表現しているのは清盛だけであり、そのため彼は、ちょうど舞台で、「事実はあなたが弁慶で、こちらが義経でしょう」と言って、虚構の秩序のすべてを一瞬で破壊してしまう、そのためすべての登場人物から否応《いやおう》なく拒否されねばならない、といった人物を演じつづけているわけである。いわばただ一人のリアリストであり、他はすべて、虚構の役割を巧みに演じつづける名優である。次にその例を少しあげてみよう。

まず成親の謀叛《むほん》である。彼は清盛に審問されて「まったくさようの儀はござない。人の讒言《ざんげん》でござろうず。よくよく尋ねさせられい」という。ここまでは、少しも不思議ではない。しかし西光の自白をつきつけられると、一言も反論できない。従って彼は自白したも同然である。そこへ重盛がくる。しかしハビヤンは一言も、重盛が謀叛の「事実」を知っていたか否かを記していない。ここで、重盛・成親の会話と、重盛の清盛への提言が出てくるわけだが、面白いことに、だれ一人「謀叛という事実」の有無は口にしないのである。成親自身は「冤罪《えんざい》だ、私は潔白だ」とはいわない。また重盛も「彼は無実だ」と清盛に証言しているわけではない。すなわち全員が、事実の究明を一切さけ、まことに奇妙な〝勧進帳問答〟が行われ、それによって、成親は一応、「処刑」という関所を無事にくぐり抜けてしまう。その状況を次に引用しよう。

重盛が登場する。そして「さて成親卿をばいずくにおかれたかと、ここかしこの障子を引きあけ、引きあけ見らるれば、ある障子《しょうじ》の上に蜘蛛手《くもで》結《ゆ》うた所があったを、ここかとあけて見られたれば、成親卿は涙にむせびうつぶしになって、目も見やわせられなんだを、重盛いかにと言われたれば、そのとき見つけ、うれしげに思われた気色《けしき》何ともたとえがたかった。そのとき成親卿言われたは、『何ごととは存ぜねども、かかる目にあいまらするを御覧《ごろう》ぜられい。貴辺《きへん》さようにござれば、さりともとこそ頼み奉ってござれ、平治にもすでに誅せらりょうずるを、御恩をもって首をつがれまいらせて、二位の大納言にあがって、年もすでに四十にあまりそろ。御恩こそ生々世々《しょうじょうせせ》にも報じつくしがとう存ずる。こんども同じくは、かいなき命を助けさせられてくだされよ。さもあるならば、出家入道つかまつり、いかなる片山里にも引き籠って、ひたすら後世菩提《ごせぼだい》のつとめを営みまらしょうずる』」と言った。

この言葉は一言にしていえば偽証である。彼は、たとえ清盛の前では黙秘しても、重盛には真実を打ちあけて助命を頼んだ、というわけではない。「何ごととは存ぜねども……」と彼は言うが、これが「何ごと」の結果であるかは、彼自身が最もよく知っているはずである。従って形式的に見れば、彼は叛逆《はんぎゃく》の上に偽証を重ね、彼に好意をもつ重盛をすら欺いていることになる。だがおそらく、日本教においては、こういう解釈は成り立つまい。というのは重盛は少しも欺かれていないからである。彼は、成親が全く無実だとは思っていない。否、それどころか、清盛との問答を見れば、明らかに「事実」を見抜いている。そして「事実」を見抜いているがゆえに「あなたは無実なのかそうでないのか。正直に言ってほしい。無実なら無実であると私は父の清盛にはっきり言ってあなたを放免さす。だが本当に謀叛をたくらんだのなら、これは無罪放免の要求でなく、穏便な処置の嘆願とならざるを得ない。いずれにせよ、私は全力をつくすから、真実をうち明けてほしい」と言わず、いわば〝富樫〟の態度をとっているわけである。

従って重盛は「何ごととは存ぜねども……」の成親について、清盛に対して、一言も無罪放免の要求はしていない。また成親自身も、自分がそう言ったからといって、重盛が自分を無実と信じ、清盛に対してそう証言して無罪にしてくれるとは思っていない。従って重盛の成親への返事は「さはござりとも、お命を失い奉るまではよもござあるまじい。たといさありとも、重盛こうでまかりいれば、おん命にも代り奉ろうずる」であって、いわば、問題の焦点を故意に回避しているわけである。

従って彼は清盛の前に行っても、成親の「謀叛の実否」については一切ふれない。いきなり奇妙な〝勧進帳〟を読み上げるのである。まず「あの成親卿を失わりょうずることをば、よくよく御思案なされい」という。しかしその理由は証拠不十分だから、すべてが明らかになるまで処分を留保せよの意味ではない。「その子細は、あれは先祖にもなかった正《じょう》二位の大納言まであがられ、ことに当時（いま）君の御寵愛もならびもないに、やがて首《こうべ》をはねらりょうずることは、いかがござろうぞ？　ただ都のほかへ出《いだ》させらるるをもって、ことは足《た》ることでござる」と。すなわちここで、いきなり政治的配慮が来るのである。だが、この言葉の「語られざる前提」は、「彼は陰謀をたくらみ、平家絶滅の謀叛をたくらんだ、しかし彼は……」のはずだが、重盛は絶対にこれを口にせず、まず、政治的配慮から決断を求め、この決断に基づいて「事実を再構成」しようとするわけである。

次に彼は、なぜ自分がそう主張するか、という「主張の根拠」へととぶ。そしてその根拠は、もはや成親にも成親の陰謀の実否にもない。そうすることが、まず清盛自身のためであり、また世のため、家のため、国のため、君のためだからそう言うのだ、と主張する。「むざと人を死罪におこなえば、世も乱れ、また身の上に報《むく》うと見えてござれば、おそろしい儀じゃ」、従ってこの「おそろしい儀」にならぬよう自分は努力しているのであって、成親のためではない、というわけである。

以上の論理は、まことに奇妙な論理である。だがこれを記しているハビヤン自身は、このことを全く奇妙とは思っていない。彼はこの重盛の態度を、明らかに、その内心で称揚している。では一体こういう〝勧進帳〟の世界で、契約とか宣誓・証言といった問題は、どのように扱われるのであろう。西欧の「宣誓違反は死刑」またはユダヤ教の「偽証により無実の人間を死刑に陥れた者は死刑」といった伝統を、ハビヤン自身が、全く知らなかったとは思えない。またハビヤンの時代には、西欧は「懺悔状《ざんげじょう》」（懺悔をしましたという証明）が必要な社会であったことも、彼は幾分かは知っていたと思われる。さらに彼は『どちりなきりしたん』の中の「こんひさん」の項目も『こんちりさんのりやく』もすでに読んでいたであろう。これらのことを頭に浮べつつ、彼が『平家物語』で記す「昌尊《しょうぞん》が夜討ちのこと」を読み、さらに伝道文書『妙貞問答』におけるこれらの問題の扱い方を見ていくと、そこに、この問題に対するハビヤンの態度は、単に『破提宇子』でのみ〝爆発〟しているのでないことがわかる。まず「昌尊が夜討ち」からはじめよう。この章は「堀河夜討ちはいつの時分であったぞ？」という質問に答える形で、次のようにつづく。

「頼朝、土佐昌尊を召して、義経はさだめて謀叛の心もあろうず。勢《せい》どものつかぬ先に討とうと思う。大名小名《しょうみょう》どもを上《のぼ》せば、宇治・瀬田の橋をひき、天下の大事に及ぼうず。わ僧小勢《こぜい》で上って夜討ちにも昼討ちにも、物詣《ものまい》りをするようにして、義経をたばかって討って参らせいとおおせらるれば、畏《かしこ》まって承り、やがてその日五十騎ばかりで都へ上り、元暦二年九月二十九日に昌尊都に上りついたれども、義経の宿所へはその日も参らず、つぎの日も参らず、すでに三日になるに、義経、弁慶をもっていかに上られてあるときくに……たずねられたれば、昌尊聞きもあえず弁慶に対面して、つれだって義経の宿所へ参ったれば、義経出ようて見参《げんざん》あって、いかに一昨日から上られたと聞くに、今までこうと申されぬぞ？　また頼朝からお文《ふみ》などはないかとたずねられたれば、昌尊そのおことでござる、頼朝よりはさしたることもござらねば、御状は進ぜられぬ。（ただ）お言葉に申せとおおせられたは、当時京都に何ごともござないは、さてござるゆえかとこそ、おぼしめさるれとおおせられた。（というわけで）これは世の中も穏やかになってござるによって、七大所詣《もう》でつかまつろうとて、（頼朝に）いとま申してまかり上るが、道から、いたわることがござって、とこうして参りついてはござれども、まだ快気つかまつらぬによって、やがても参らなんだ」とややしどろもどろの気味で言った。簡単にいえば公用でなく私用、挨拶《あいさつ》に来なかったのは旅中の病気のゆえという言いわけであろう。昌尊が事実をいわなくても、もちろん、そのこと自体は不思議ではない。

ところが義経は真相を見抜いている。そこで「さは、よもあらじ。梶原《かじわら》が讒言について頼朝つねは義経を討とうとおおせらるると聞く。大勢《おおぜい》上《のぼ》せば、宇治・瀬田の橋をもひき、天下の大事に及ぼうず。わ僧小勢《こぜい》で上って、夜討ちにも討って参らせいとて、上《のぼ》せられたものよ、とおおせらるれば、昌尊顔色《がんしょく》変って、全くさることはござない。さござらば、起請《きしょう》を書いて見参に入りょうと申すところで、書こうとも、書くまじいとも、御坊が心よとおおせらるれば、やがて三枚の起請文を書いて一枚をば焼いて飲みなんどして帰った」と。

ここで、前述の成親とこれを対比してみると面白い。重盛は謀叛の有無にはあくまでも触れない。しかし、成親が謀叛を企てたことはもちろん知っている。一方義経も、土佐昌尊が自分を殺しに来たことを知っている。ただ彼はそれに触れた。すると相手は、絶対そんなことはないと証言し、その証言を証書にし、焼いて灰にして飲んだ。しかし義経はやはり、彼が自分を殺しに来たと思っているのである。前述の成親に対して、重盛がもし「あなたは本当に謀叛を企てたのか」と問えば、成親もおそらく、同じように、徹底的否定の証書を書き、これを灰にして飲んだであろう。そして重盛も、おそらくこれを見ながら、なお内心では、彼が謀叛の企てをしたことを信じていたであろう。この場合、この証言は、「その追及、その話題は、もう打ち切って下さい」という意志表示以外の意味がない。もちろん義経も、そういう意味にしか、とっていない。

そこで「弁慶が申したは、この法師は起請は書いてござあれども、何とやら危《あやう》う存ずる。追いついてしゃつが首をはねまらしょうものをと申せば、義経、思うに何ほどのことがあろうぞ？　ただ帰せとて、帰させられた」。予期にたがわず昌尊は夜討ちをかける。だがこの「堀河夜討ち」は失敗に終り、散々に追い立てられた昌尊は鞍馬《くらま》の谷まで逃げ込んだが、鞍馬寺の僧に捕えられて義経にひきわたされる。ところが、両者の問答が面白い。双方とも起請のことなどは、前述のように、「会話を打ち切るための洒落《しゃれ》」としか、扱っていないのである。昌尊が「おめおめと亀井の六郎に具《ぐ》せられて、つぎの日の巳《み》の刻ばかりに義経の六条堀河の宿所に来れば、坪の内に引き据え、義経、縁《えん》から、いかに御坊、起請には落ちたぞ（陥れられた＝うまくやられた）とおおせらるれば、昌尊大きにうち笑うて、そのおことでござる、あることに書いてござるほどに、落ちてござる（悪いところにはまり込んで、うまくいかなかった）と申したれば、（義経）命惜しくば助きょうぞ、鎌倉に下って頼朝をも、ま一度見奉れかし、とおおせらるれば、昌尊、まさなや殿ほどの大将を討ちまらしょうずると思いかかって上ろう者が、殿を討ち奉らいで、命生きて再び鎌倉へ下ろうとは存ぜぬ。御恩には疾《と》う首を召されいと申せば、志のほど神妙《しんびょう》なとあって、中務《なかづかさ》という侍におおせて、法性寺《ほうしょうじ》の柳原で切られた」。

上記の二つの世界は、おそらくパードレには全く理解できぬ世界である。そしてここに登場する人物は殆《ほとん》どは、少なくとも当時の世界では、尊敬されかつ信頼できる立派な人物であったはずである。特に義経と重盛は、長い間、日本人の尊敬と親愛の対象であった。従って、こういう世界と接しているうちに、パードレ自身が、これらの人びとをどう見、どう評価してよいかわからなくなるのである。というのは彼らは常に誠実であり、そしてその道徳観・価値観の一面は非常に西欧と似ているからである。もちろん、日本人が全くの「別もの」に見えるなら、それはまたそれで問題でない。同じように見えるから、ある場合にはこれが「にせもの」と見えてしまうのである。これは同時に、ハビヤンたちの側にもいえる。キリシタンははじめから「別もの」と考えれば、それはそれで問題でない。しかし、全く同じように、これも「にせもの」と見えてくるのである。そして互いに「にせもの」と見れば相互不信になるのが当然の帰結である。

そして興味深いことは、後のアメリカ最初の総領事ハリスが言ったこと、そして今も多くの「ガイジン」が口にすることと全く同じこと――すなわち、どうにも理解できかねるという全く同じ種類の一種の二面的評価――を、すでにパードレたちが下しているのである。次にそれを併行して引用しておく。

「……日本人たちは、きわめてゼゼス＝キリストの教えをその心に植えつけやすい素質がある。すなわち、彼らは思慮深く、道理によって導かれるからである。彼らは知識欲が旺盛で、どうしたら自分たちの霊魂を救いうるかということについて好んで話す。彼らには立派な礼儀作法があり、まるで宮廷ででも生《お》いたったかのように、互いにたいそう慇懃《いんぎん》な態度を示す……」（フロイス『日本史』）。

「日本人は傲慢《ごうまん》で偽善的だ。肚《はら》の中のことを素直に外に出さず、何を考えているのかわからないようなのが名誉であり、賢明だとされる」「日本人の性格、風習、挙動はわれらのそれとははなはだしく異なり、相反しており、彼らはヨーロッパの他の諸修道会が有する習慣を受け入れることができない」「この困難の原因は、あらゆることにおいて見出される矛盾性である。彼らはこの反対の中（相矛盾する状態）に固く腰を据えていて、いかなる点においてもわれらの方に向かって順応しようとはせず、逆にわれらの方が、あらゆる点で彼らに順応せねばならぬのである。これはわれらにとって、はなはだしく苦痛であるが、もしわれらが順応しなければ信用を失い、何らの成果も収めることはできない」（ヴァリニャーノ『日本要録』）。

この二つの言葉が矛盾しているという人は、重盛と義経の態度も矛盾しているといわねばならない。まして『勧進帳』となれば、まさにこの批評がそのままにあてはまるのである。

ハビヤンは、この双方を最もよく知る日本人であった。彼はおそらく今の多くの日本人より、この点のもつ相互の違いをよく知っていた。従って彼は、多くの日本人と同じように、前述の二つの批評をそのまま裏返す形でパードレを見ている（これがいわば「相互ににせもの扱い」であろう）わけでなく、また単に「伴天連《バテレン》が日本国をとってしまう」と理由なく恐怖したのでもなく、もちろん、単に「伴天連」になれない不満だけが、彼を棄教させたのでもないのである。彼の棄教の底にあったものは「コンヒサン」の理由づけが、彼には何とも納得できなかったからである。——と私は見ざるを得ない。

「こんちりさん」と「こんびさん＝コンヒサン」

それは当然の帰結だったといえる。『勧進帳』の真実と懺悔＝告解の真実だけは、何とも両者で妥協できないから。そしてハビヤンが、『破提宇子《はだいうす》』において、最も大きな問題として非難しているのが、前回のべたように、この「懺悔＝告解」になるのも当然である。では、キリシタン時代の彼は、これに対してどのような態度をとったであろうか。彼にとっては、はじめから、ある者がある者に対して「真実を言え」などということは、それこそ「人をも人と思わぬ罪」をおかすことであった。従って彼は、『妙貞問答《みようてい》』の中の「キリシタンノ教ヘニ付、色々ノ不審ノ事」での質疑応答でも、懺悔＝告解については全く触れず、いわば意識的にこの点を避けているのであって、もちろん知識不足からではない。

彼が、これについて天草《あまくさ》時代以来、正確な知識をもたなかったなどとは到底考えられない。天草コレジョの教授であった彼が『どちりなきりしたん』も『こんちりさんのりやく』も知らなかったなどということは、ありえない。とはいえ、同時にこの両書に記されている「こんちりさん」なるものの基本的な考え方に対しては、彼は最初、何の反撥《はんぱつ》も感じなかったのみならず、むしろ当然のこととして、違和感も感じなかったに相違ない。というと奇妙なようだが、次の引用を読まれれば読者は自《おの》ずと了解されるであろう。

『こんちりさんのりやく』第二　こんちりさんとわ何事ぞといふ事ならびにこんちりさんをつとむる道の事

いまここにのすべき理《ことわり》、これ肝要の儀也《なり》。此旨《むね》を達してつとむるにおいてわ、こんぢりさんの本意にいたるなり。あるほどの罪科《つみとが》をことごとく滅して、でうすの御勘気《かんき》をゆるされ奉る事也。

まづこんちりさんといふわ、わがおかせし罪科《つみとが》わ、みなでうすをそむき奉る狼藉《ろうぜき》なる所を深く悔いかなしみ、其科《とが》を心のそこより憎み嫌《きら》われと心をくるしめ、いかなる事にたいしても、せまじかりしものをとおもい、自今《じこん》以後もるたる科（死に至る罪）をもって、でうすを二たびそむき奉る事あるべからずと、かたくおもい定《さだ》むる事也。

又時節をゑて（聴罪神父に会ったとき）こんびさん（告解）を申《もうす》べしとの覚悟をなすべきもの也。これ即《すなわち》こんちりさん也。これをなをひろくのべていふ時《とき》んば、こんちりさんの為に肝要なる事が数《す》ヵ条あり」。

以下に四ヵ条が記され、その中には後代の日本の「君に忠」乃至《ないし》は「忠孝一致」という概念（これは絶対に中国と同じではない）の形成に大きな役割を演じたと思われるものがあり、また「ナツウラの教へ」の基本となる「受恩の義務＝孝」とこんちりさんを結びつけたところもあり、ヴァリニャーノのいうパードレの側からの「日本教」への「順応」と見られる点もあるので、それらに中心をおきつつ要約してみる。

「一つ、まづわが来《こ》し方の進退《しんだい》（行動）をかへりみ、もるたる科《とが》におちたる事ありや否や、思いいだすべし（以下の細則は略）。

二つ、かくのごとくおかせし科《とが》を大かた思いいだしてのち、其科《とが》わいふにもおよばず、忘れたる科《とが》をも同然に後悔すべし。其《その》後悔も又かるゞゝと上面《うわつら》にすべからず。でうすわ人の心中を見たまへば、ほかばかりにて（外面だけで）たばかり（欺き）奉る事かつてかなわず。心のそこよりおかせし科《とが》を深くかなしみ悔いて、いかなる利徳（利益）を得るといふとも、又身命《しんみよう》を果《はた》す（体も命も捨てる）といふとも、すまじきものをと悔《くや》みかなしむべし。（中略）

三つ、こんちりさんの心あてといふわ、科《とが》ゆへいぬへる（の）（地獄）に落つべき事をかなしむにもあらず、又わ科《とが》ゆゑばらいぞ（天国）の快楽《けらく》をうしのふべきといふ事をかなしむにもあらず。其外身の損失《そんじつ》をかゑりみてかなしむのみにもあらず。

第一歎きかなしむべきあて所といふわ、人に心身にこれを万事にこゝゐて、心のおよび力をつくして御大切におもい奉るべき、広大無辺の御主《おんあるじ》でうすを限りなく嫌いたもふ科《とが》をもつてそむき奉りし所を、専一に悔いかなしむ事、これまことのこんちりさん也。……

いぬへるのゝ苦しみをおそれ、ばらいその快楽《けらく》をうしなわん事をかなしみて後悔し、かなしむ事も尤《もつとも》なれども、これわ一ぺんに（ひたすらに）でうすの御大切よりいづる後悔にあらず、たゞ御法度《ごはつと》をおそれ、徳をうしないし身のとくしん（損得）をかゑりみるよりおこるがゆへに、達したる（完全なる）後悔（に）あらず。かるがゆゑにこれつらの（このような）後悔にて、其科《とが》をゆるしたもふ事あるべからず。

たゞし、かくのごとくの後悔たりといふとも、こんびさんを申《もうす》においてわ、其後悔の不足なる所をおぎのい（補い）添へたまいて、達したる（まことの）御ゆるしとなしたもふもの也。しかるといへども、こんびさんなきにおいてわ、かやうの浅き後悔の身にて、其科《とが》をゆるしたもふ事なしと知れ。

たとゑば、これ臣下たるものゝ主命《しゆうめい》にそむき、狼藉をげんぜし時（悪行があらわれたとき）、扶持《ふち》を放さるゝうゑに、罪《つみ》せらるべき事をおそれて、さてもすまじき事をしたるものかなと、身の科《とが》を悔《く》ゆる類《たぐい》也。これ更《さら》に主君思い心より出《い》でず、たゞわが身をおもふ一ぺん也。

しかるに此こんちりさんといふわ、でうすをおもい奉る達したる大切よりいづる儀也。御大切、御慈悲の御親《おんおや》にてましますでうすを科《とが》をもつてそむき奉りし所を、何より大一（最大）に悔やみかなしむ事也。

たとへば、これ孝行なる子の、親の命《めい》をそむきてのち、身の科《とが》をかなしむに同じき也。これあながち折檻《せっかん》をおそれての事にもあらず、たゞ万事にこゑて孝行をつくすべき憐《あわれ》みの親を、ゆゑなくそむきたりし所を口惜《くちお》しく悔《くや》しく思いて、泣く〳〵其赦免を乞うが如く也。

四つ、過ぎし科《とが》をかなしむのみならず、今より以後二たびもるたる科《とが》〔死に至る罪〕を犯さず、御掟《おきて》のまゝに行儀を守るべしと、堅固に覚悟をすゆるべし。（以下略）」。

ハビヤンが『破提宇子』で、「伴天連ハ残賊ノ棟梁《とうりょう》、謀反殺害人ノ導師」とまで極言するに至る「コンヒサン」なるものの実体は、ほぼ以上につくされている。従って、この点に関する彼の知識すなわち前述の断定の前提はここにあると見なければならず、従って、彼の断定がカトリック教徒の「『告解』への誤解に基づく」と簡単に言い切るわけにいかない。もし誤解なら、誤解させたのはむしろパードレの方で、パードレが日本教に「順応」したために生じた誤解だからである。

誤解の第一は、告解の説明に「主君」と「孝」を導入したことにあるであろう。従って、ここでこの文章を打ち切るなら、懺悔をする対象は「主君」と「親」のはずで、聴罪神父に「こんびさん申べし」とする論拠がなくなってしまう。もちろんこれに対して、次の「第三　こんちりさんをおこすたよりとなる観念の事」がくる。次にその要点を引用しよう。

「第一観ずべき事といふわ、でうすの御上《おんかみ》也。此君《この》わ、量《はか》りなき御威光、御力《おんちから》、かぎりなき御知恵、御慈悲、御哀憐《あいれん》の源に（て）、帝王の中の帝王、主君《しくわん》の中の主君《じゆくん》、天地の御作者《ごさくしゃ》、今生《こんしょう》後生《ごしょう》の御《おん》はからい手《て》にてましますといふ事、此御主かぎりなき御知恵をもつて、万事を治めはからいたまい、もろ〱のもの丶題（目）もろ〱の善徳《ぜんどく》、もろ〱のいつくしきの源《みなもと》にてましませば、万《よろづ》の御作のものに籠《こ》め拝せられ、仕《つか》へおもわれたまい、万事をおぼしめすま丶に、したがへたもふべき尊き君《きみ》にてましますと観ずべし」。

まず問題は、「君・帝王・主君」といった用語であろう。この言葉は、いわば当時の「翻訳語」だが、少なくとも当時の日本においてはこの言葉は政治体制乃至は社会体制の用語であって宗教上の用語ではない。当時の日本の宗教用語をあてはめるなら、あくまでも「仏神」に限定すべきであろう。だがこれは不可能に近い。「第二」において、「孝」と「主君」の導入で「こんちりさん」が一種の社会的秩序の問題とうけとられるなら、ここでそれは政治的秩序の問題へと発展してしまう。こうなると〔『破提宇子《はだいうす》』での〕「……去《サレ》バコンヒサンノ時ハ他ヲ近《チカ》付《ヅケ》ズ、我ト伴天連ト只二人相対シテ、山賊・海賊等ノ義ヲナシ、若《モシク》ハ父ヲ殺シ母ヲ殺ス五逆罪、国家ヲ傾《カタム》ケントノ謀反・反逆等ノ大犯也トモ、残ラズ懺悔スルニ、伴天連聞《テ》レ之《ヲ》赦セバ、其罪消滅スルト云フ」とするハビヤンの解釈が成り立ってしまうのである。とすれば、「伴天連」が政治的判断の最高裁定者すなわち独裁者になってしまい、日本は「国ヲ奪」われることになる、という解釈が成り立ってしまう。

従ってハビヤンの排撃は「コンヒサン」（聴罪神父へ懺悔）にあるのであって「こんちりさ

ん」（自己の内部における改悔・改悛）にあるのではない。そして彼にとっては、むしろその改悔・改悛を一切口にしないか、あるいは、相互に口にし合うかのいずれかのはずであった。というのは、そうしない限りは、人は「人をも人と思わぬ」罪をおかすことになるからである。すなわち一種の「相互懺悔」という形になるはずで一方が「受恩の義務を怠りまして悪うございました」と懺悔すれば、一方は「施恩の権利を主張しまして、大変に相すまなかった」という形になり、これによって双方がそれぞれ「ナッウラの教へ」に反したという罪を許されるはずなのである。そしてこの場合、双方がこの点を避けて、共に沈黙して、自己の内部で改悔・改悛をしていることを、互いに、何らかの手段で先方に知らせ合うという方法をとってもよいはずである。

前にのべた重盛と義経は、それぞれそういった方法をとっている。従って、それによって平和を回復するためには、内心の「こんちりさん」は深ければ深いほどよいはずであり、その意味にとりうる問題に限定するなら、ハビヤンも『妙貞問答』でふれている。そしてこの相互懺悔方式が、今でも日本で行われ、それが「一億総懺悔」の実体であろうことは、すでに『日本教について』でのべたから再説しない。

従って日本教の世界に「こんちりさん」はあっても「コンヒサン」はあり得ない。「相互懺悔」の場合以外は、「コンヒサン」は逆に「こんちりさん」を破却してしまうはずである。従ってそうでない場合は、その問答は一切〝勧進帳〟で、すべてが虚構の言葉で成り立っていても、否、外部への言葉がその虚構に徹すれば徹するほど、それが逆に内心の真実を表わしていく世界になってしまうわけである。それを、この観点から見ていないと、前に引用したパードレの言葉通りの常に変らぬ「二面評価」とならざるを得ないのである。そして一方、この世界に住んでいる者から見れば、パードレ特に聴罪神父は、文字通りに「人をも人と思わぬ罪」のかたまりのような、傲慢不遜《ふそん》そのものの存在になってしまうのである。

ハビヤンの棄教は、俗説では、自分がいつまでたっても「伴天連」になれなかった私憤がもとで、「寺」をとび出したということになっている。まず、一見そうとられる言葉を彼は明言している。だが以上の前提をもとにして『破提宇子』を読めば、彼の言っていることは、そのような単純なことではないし、前述のヴァリニャーノを見ると、彼の記していたことが事実であって虚偽ではないことも明らかである。

すなわち「日本人修道士《イルマン》が研修をすまして、ヨーロッパ人と同等の知識をもつと、上長や教師を無視して独立するから、ラテン語など教えない方がいい。日本人が修道会に入るのは、貧しくて食えないからである。日本人は黒人であり、低級な国民であることをわからせるべきだ。修道士でも、ポルトガル人の修道士とは服装なども差別し、通訳や雑用に使えばいい」であり、一方、『破提宇子』では「其上《ソノウエ》日本ニ住《ヂウ》スル伴天連、イルマンノハゴクミヲバ、南蛮ノ帝王(ローマ法皇)ヨリツヾケラル、ニ、日本人ハ何トシテモ我《ワガ》本意ニ叶《カノ》フベカラズ。向後《キャウコウ》ハ日本人ヲ伴天連ニナスコト勿《ナカ》レトノ儀ニテ、皆面白クモ存ゼズ。此本意ニ叶フベカラズト云ハ、何トシタル心持ニテアラント云フ事ハ、御推量アルベシ。日本ヲネラウニ、国人（日本人）ハ何ト国ノヒイキアラント思《ヲモフ》故ト思召《おぼしめ》セ」となっている。

このハビヤンの解釈は、その後長い間、日本における定説であった。しかしヴァリニャーノの言葉は、全体の文脈から読むならば、むしろ、「順応」により生じたキリスト教の日本化から自らを守るという方向が強いように思われる。彼は、長らくのキリスト教伝統の直観から、キリシタンが明らかに「キリスト教の日本的異端」へと向いつつあることを察知していたのであろう。だが「こんちりさん」自体が政治用語から入っていかねばならぬ状態では、ハビヤンのような解釈が生れた方が、むしろ自然であったと見るべきだと思われる。従って彼の目から見れば、南蛮ノ帝王（ローマ法皇）から任命された絶対権をもつ懺悔聴問僧が、すべての罪をゆるすという形で政治的権力のみならず一切の権力を掌握していく、という形にしか見えないのである。

では、『こんちりさんのりやく』において、当時の日本の「仏神」という概念を借りたらどうであったであろうか。前述のように、それははじめから不可能であった。当時の日本には「絶対神」という概念はなく、存在するのは「ナツウラの教へ」であった。そしてキリシタンは、両者を同一視している限りにおいてのみ存続しえたのである。前述したようにハビヤンの『平家物語』には、絶対神という概念も、またそれに基づく地上の絶対君主という概念もない。天皇家も、後白河法皇も安徳天皇も、また清盛も頼朝も絶対君主ではない。ともに「ナツウラの教へ」に支配され、血縁への忠誠と受恩の義務を守ることを要請される点では平等の存在であった。この地上には「ナッウラの教へ」の人格的顕現者などがいるはずはなかった。そういうものの存在を認めること自体が、自然《ナツウラ》でなく、秩序は「柳ハ緑、花ハ紅」のごときものであるべきはずであった。

しかし彼は、キリシタンと接して、はじめて地上に「絶対者の代理」なるものが存在することを知ったのである。そしてその絶対権なるものが、いかに強力なものであるかを「コンヒサン」を通じて知らされた。それが帝王中の帝王であるという。ここで彼は、おそらくはじめて、地上のある人的対象への絶対的忠誠なるものが存在することを知ったはずである。これは『平家物語』と『破提宇子』における「天子」の概念の差に現われている。そしてここに彼は「相互懺悔」と「血縁への忠誠」および『こんちりさんのりやく』における「無私の忠誠」を綜合した対象として、はやくも天皇を念頭においているのである。

この点でも彼は、最初の近代的な「日本教徒」の祖と見なされるべき人物であろう。

第十章　日本的普遍主義

普遍主義としての「自然《じねん》」

ハビヤンが接した人びとは、日本に伝道に来た人びとであった。では、伝道とは一体何であろうか。いうまでもなくその背後にあるものは、普遍主義《ユニヴァーサリズム》である。世界に向って布教することは、世界が単一で普遍的なある理念で画一化されねばならぬという考え方を前提とする。「私はキリシタン、あなたは仏教徒、そしてそれでよい」「私は共産主義者、あなたは自由主義者兼資本主義者、そしてそれでよい」といっていては、普遍主義《ユニヴァーサリズム》は成り立たない。もちろん仏教もある意味では普遍主義的であったし、また中国も、政治的・文化的な面で、普遍主義的であった——意識的な強力な伝道の有無は別として。そして普遍主義は常に、自己の思想以外の思想を認めない。従って、普遍主義者の政治的支配は、常に強制的改宗を伴う独裁となる。

西欧は常に、強烈に、普遍主義的一面を持ちつづけてきた。現代でも、つい最近まで、アメリカは、世界がアメリカ的民主主義であるべきだと信じ切っていたし、マルクス主義者は、世界は共産化されるべきだと固く信じていた——それによって、人が幸福になろうと不幸になろうと。そして、万里の波濤《はとう》を越えて来たパードレたちは、そう信じ切っていた人びとの、先駆者的存在であったといえる。同時にそのことは、元来は島国に住み、普遍主義的な考え方行きかたをしたことが全くない日本人（今でも、日本教の宣教師が世界を日本教化するために派遣されることはあるまい）が、この普遍主義にどのように対応したかを示す最初の例であり、同時に、日本的普遍主義という、一種独特の奇妙なものを生み出す契機ともなった事件であった。

いうまでもないことだが、普遍主義で対抗する以外に方法はない。普遍主義の攻撃をうけた場合は、人であれ民族であれ、別の普遍主義で対抗する以外に方法はない。そしてこの二つの普遍主義の争いは、通常、双方が互いに相手を取り入れることによって、相手に勝とうとする形になる。従って名目的勝利者がどちらであろうと、また引きわけになろうと、互いに相手を吸収してその純潔を失う。前に引用したヴァリニャーノの文書が語っているように、キリシタンも、日本教を吸収せざるを得なかったわけである。同じように、ハビヤンも、キリシタンを吸収して、結局は、キリシタンと対抗せざるを得なくなったわけである。これは現代も同じである。従って彼のいう「ナツウラの教へ」もその中心になる「自然《じねん》」という概念も、いわば、全人間にとって、当然に従うべき秩序、すなわち普遍的な秩序であらねばならず、従って「自然」と定義づけられたはずである。これは明らかに、普遍主義に対抗したもう一つの最も素樸な普遍主義の提出であった。言うまでもないが、素樸とは、低度・低価値の意味でなく、単純な形式の中の最も根本的な命題の意味である。

普遍主義は、それを伝道しようとしまいと、一つの絶対主義である。そして絶対主義は常に他のあらゆる思想を否定する。従ってハビヤンはキリシタン的普遍主義に基づき、『妙貞問答』においてまず仏教と神道を否定したわけだが、ついで、『破提宇子』において、その否定の論理でキリシタンをも否定したわけであった。そして、この否定の背後にある普遍主義が、「ナツウラの教へ」であり、その中心にある概念いわば一つの絶対者が「自然」であった。この状態を現代の日本人は、「無神論」もしくは「科学的」と呼び、その状態にある自分を「無神論者」または「無宗教」という。そして日本人が無神論という場合、それは常にこの状態のことであり、これ以外の状態にある無神論を、彼らは、想像すら出来ない。そしてこの基本となっている考え方は現代においても何の変化もなく、日本人は「自然」という土台の上に「人間という概念」を支点として立て、その支点に天秤《てんびん》をおいてバランスをとる、という状態にあることは『日本教について』で詳説したから再説はしないが、同じ状態は、すでにハビヤンに見られるわけである。そして日本人は、当時から現在まで、「自然」という言葉が、全人類を律しうると考える一種の普遍主義者として生きてきた。この自然は、全人間を支配する絶対的秩序だから、人はその前で「無心」でいればよい、と。そしてこの考え方は、おそらく日本人が、この「自然」とは実は自分たちだけの「伝統」乃至《ないし》は「伝統的生き方の基本」だと明確に意識するまで、つづくであろう。

なぜこのように確固たる普遍主義者集団が生じたか。西欧は、普遍主義を実行に移していくうちに、結局、自分たちの生き方は自分たちの伝統であると意識せざるを得なくなった。一方日本では、西欧の普遍主義に対応して生れたもう一つの普遍主義が、鎖国という形で封をされた小世界での普遍主義として、そのまま生きつづけたわけである。従って、「人間みな兄弟」

といった標語は、西欧では普遍主義の反省としての相対主義に基づいており、人間は相互に別々の伝統に生きており、それを相互に認める、という意味で兄弟なのだが、日本人が使う場合は、「人間は一皮むけば――いわば『裸になってつきあえば』――みんな同じく『自然』の支配下にあり、『ナツウラの教へ』に従っている人間だ」という意味になってしまう。そしてひとたびこう信ずれば、諸外国の文化も伝統もすべて「外衣」のようなもの、いわば、相互理解の障害になる無用な外装だということになる。

従って相手の言葉は、その本人すら心底ではそれを信じていない虚構であり、あらゆる宗教も思想も、「ナツウラの教へ」から出た「日本教」の外装としての仏教・神道と同質だが、直接に「自然」とかかわりをもたぬがゆえに、いわば、すべてがにせものということになるであろう。それはそうなるのが当然であって、普遍主義とは結局、徹底した自己中心で、自分だけが正しく、自分だけが〝本物〟だという無意識の絶対的信仰が前提になるからである。

この考えは、もちろん常にハビヤンの根底にあるわけだが、今でも日本にあり、キリスト教でも民主主義でも共産主義でも、ひとたび日本に入ると、日本以外のそれらは、すべてにせものにされてしまう。従って日本には、今に至るまで比較文化論というものが成り立たない。いうまでもなく比較は、一種の相対主義であり、普遍主義とは相いれないからである。もう大分前だが、私の所説への批判が毎日新聞の『余録』に出たことがある。その中で評者は「相互理解のうまい方法を見つける」ことが必要だと記していた。だがこの評者は、相互理解の基本は

「比較」だということに気づいていない。互いに比較し合い、その比較を比較することが、理解の第一歩であり、双方が普遍主義を堅持していればもちろんのこと、一方がこれを固持していても、比較は成り立たず、従って理解は生れない。もちろん「裸になれば」は前述のように一種の日本教的普遍主義の現れにすぎず、相互理解とは関係ない。が、比較を成立さすには、自己の体系化すなわち「自然」なるものの内容すなわち、「裸」と規定される精神状態を言葉にしなければならない。しかし、日本的普遍主義を貫くなら、それは不要だが、そうなれば結局は〝精神的鎖国〟になるか、〝八紘一宇《はっこういちう》〟になるか、のいずれかであり、どう形を変えようと、徹底的な鎖国的保守主義というより守旧主義にならざるを得ない。

というのは、人間は常に、自己の伝統を「伝統と意識すること」によって、伝統による無自覚的支配から脱出して一歩前進し、その位置から振りかえって伝統を見ることによって客体化し、この客体化によってはじめてそれを他文化・他民族と比較して、相対主義的理解に達しえたからである。従って、日本がこの状態に達しうるのはまだまだ先のことであろう。そしてその時が来れば、「……それはごく自然にそうなったんですよ」とか「子供は、自然に育てるのがよい」とかいう言葉のかわりに「伝統の通りに……」「伝統に従って……」という言葉が使われるようになるであろう。そのときにはじめて『余録』氏のいう相互理解への第一歩がはじまるわけである。従って、現代以上にそれが出来にくかった当時——もちろんこの時代には「相互」にだが——、いわば以後の時代を決定したその時を振り返るのも無駄ではなかろう。

というのは、このことが、キリシタンが日本に与えた最大の影響と思われるからである。

キリシタン＝偽仏教論

ハビヤンにはもちろん「比較」という概念はなかった。従って、当時、仏教・キリスト教の比較宗教論はどちらの側からも生れなかった。そこで生じたものは「キリスト教イコール偽ものの仏教論または儒教論」である。偽儒教論的なものは前に引用した林道春《どうしゅん》の『排耶蘇《はいやそ》』に出てくるように、いわば宇宙論的部分であって、他はむしろ対立的になる。従って慶長《けいちょう》十八年の「排吉利支丹《キリシタン》」布告でも、排撃の根拠はほぼ儒教的考え方に置かれている。そしてこれはまた当時の人が最も問題を感じていたのが、儒教的秩序と「殉教」の関係だったことを明らかにしている。すなわち「……身体髪膚《はっぷ》、父母に受く。あへて毀傷《きしょう》せざるは孝の始めなり。その身を全うするは、すなはちこれ神を敬ふなり。早くかの邪法を斥《しりぞ》けば、いよいよわが正法昌《さか》んならん……」とあって、殉教乃至は殉教さすことを瀆神《とくしん》行為と規定しているのである。こう規定すればいわば「にせもの以前」の邪法と規定しうる。

だが仏教にはそうはいえない面がある。以上の論理で殉教を否定すれば、仏教徒の殉教も否定されねばならない。従って、現象面で否定的要素を探れば、「偽ものとしての排撃」という形にならざるを得ない。従って「キリシタン＝偽もの仏教論」は相当に多かったようで、今残っているものも少なくない。だが大部分は、キリシタンについての正確な知識が皆無なので、見当はずれな罵倒《ばとう》が殆《ほとん》どであり、ハビヤンの水準に達しているものはもちろん皆無といってよい。だがその中で、「偽もの論」の最高作を選び出すとすれば、ハビヤンより少し後の仏僧、雪窓宗崔《せっそうそうさい》の『対治邪執論《たいじじゃしゅうろん》』である。

この書が書かれたのは一六四八年だから、『破提宇子』（一六二〇年）より二十八年後である。ということは一六三九年の鎖国以後であり、いわば大勢すでに定まった後で、勝者としての仏教徒が、キリシタン時代を回顧・批判するという形なので、ハビヤンがもっていたような一種の熱気乃至《ないし》は感情的振幅はもう感じられない。一種の冷静さで、相当厳密に資料にあたった上で、きわめて手際よくキリシタンの伝来と教義をまとめて、キリシタン＝偽仏教論を展開し、また、なぜかくも広くキリシタンが広まったかについての、冷静な自己批判もしている。次に、一部を引用しつつその論旨を探ってみよう。

「原《たず》ぬるにそれ天文の末（十八年・一五四九年）に商客あり。西夷恚哆俚夜《いたりや》の国、浪魔《ろうま》の京より来《きた》り、船を豊後国に寄す。その船路を尋《たず》ぬるに、西海よりして南方に向ひて往く。南方より北に向ひて日本に来る。故に倭国《わこく》の人、これを呼び南蛮人となす。その船中を見るに商客棹郎《とうろう》（船員）すべて二百余人。その中に形服衆人に異なるの人両個を見る。一人を名づけて三跗乱志須《さんふらんしす》古《こ》姿毘恵《しゃびえる》妻と曰《い》ひ、一人を我須頗《がすぱる》妻と曰ふ。この二人を称して頗姪連《ばてれん》と曰ふ。ここに和尚《おしょう》と翻《ひるが》へす（翻訳す）。また一人の伴者あり、名づけて路連曾《ろれんそ》と曰ふ。これを由妻漫《いるまん》（修道士）とす。

ここに首座《しゅそ》と翻へす。この人日本和州《わしゅう》（肥前）の産、本名を了西（ロレンソの宛字か）と曰ふ。薩州より浪魔《ろうま》に渡り、天主教を学びて、また日本に来る。その宗旨を名づけて喜利志祖《きりしたん》と曰ふ」。

多少の誤り――たとえばシャビエルの渡来はリスボンからであるのにローマとした（もっとも象徴的な意味なら、必ずしも誤りとはいえない）――はあるが、この記述はまことに的確で要を得ている。次にその伝道法を引用しよう。

まず「……在々所々において邪法を説いて仏神を（自利のみを計ると？）誹謗し、布施（慈善事業）を行ひ、以て男女を傾動す。これによりてその宗旨に帰する者、あげて記すべからず。しかる後、あるいは門下生の才能ある人を択び、あるいは出家人の道眼《どうげん》なき者を取り（ハビヤンもその一人？）、宝禄を与へ、渠《かれ》をして偽りて釈門の名相《みょうそう》（初等）、儒林の初学及び神道祭祀《さいし》の法を聞かしめて後、由妻漫《いるまん》となし、渠《かれ》をして法要を説かしむ」。ここまでが第一段階、ついで第二段階の改宗した由妻漫《いるまん》による伝道となる。「ここにおいて虚妄の手段を設け、諸人を誑《きょう》詑《た》す〔あざむく〕。まず自法の理路を露《あらわ》さず、他宗の教門を誹《そし》らず。ただ布施愛語を以て人をしてその恩恵を懐《いだ》かしめて後、時々軟言を出し潜《ひそか》に自法を讃し暗に他宗を誹《そし》る。その聴法する人の半《なか》ば信じ半ば不信の時に到り、その人に告げて曰く、請ふ、喜利志祖《きりしたん》宗旨の勝劣、法門の根源を聴取せよ。もし我が法、汝が心に相応せずんば、汝が本宗の旨を守るべし……と。その人曰く、唯然《ゆいぜん》なり（承諾した）、願はくは楽しみ聞かんことを欲すと」。ここで、本格的な伝道に入るわけだがその際「三教（神・儒・仏）を排斥し諸神を罵倒す。なかんづく釈門を謗《そし》るは甚だ切たり。所以《ゆえん》は何ぞ。釈教は未来浮沈（来世の救済か否か）を説き、その影響自法に似たる故なり。」

ここで彼は、なぜキリシタンがかくも早く流布したかについての、情況分析と一種の自己批判を行っている。「仏法を謗るの中において、また巧見あり、南都六宗は盛んには世に行はれず、天台・真言の二宗は専ら祈禱の法を修す。この故に愚癡《ぐち》の男女、その宗の名言を聞かず、その宗の行相《ぎようそう》〔修行方法〕を知らず。いづくんぞいはんや依る所の経論、得る所の見解《けんげ》においてをや」である。一方「禅宗・念仏宗（浄土真宗）・日蓮宗、この三宗は今時盛んに世に行はる。故に男女貴賤、名を某《それがし》（それぞれ）の宗門に安んずる者これ多し。これにより諸人《しよにん》その名《みよう》相《そう》（初学・入門）を聞きて、みなまさに謂《おも》へり、仏法はただ当来（来世）受楽の法なりと、人のこれを知ること、ここに尽くるのみ」である。だが来世などというものは「知り易きがごとしといへども、しかうして実は未《いま》だ知り易からざるものなり」であり、一方、仏教の奥義も同じである。そしてこの仏教への半知半解状態が、キリシタンの伝道の絶好の温床となったと彼は見る。この見方は、正しいといわねばならない。特に浄土宗日蓮宗には、対象の捉《とら》え方において、キリスト教と非常によく似た面があることは、否定できないからである。

そして、ここまで正確に要約分析できた人に、なぜ「仏教・キリスト教比較論」ができなかったのかという読者の想念を振り払うように、彼はこれまでの前提に立って、一挙に甚だ奇妙な「キリシタン＝偽仏教論」へと進んでしまう。

「評して曰く、喜利志祖《きりしたん》と言ふは是寸喜利志徒《ぜずきりしと》立つるところの宗旨なり。その来由を求むるに、足寸須《ぜずす》、釈氏（仏教）に帰依して名相（初等）を学び、みづから邪見を起して外道《げどう》をなすは必せり。その証つぶさに仏家の経論及び喜利志祖の書に見ゆ。（仏書）最勝王経に曰く、過去に王あり。力尊幢《りきそんとう》と名づく。その王、子あり。名づけて妙幢《みようどう》と曰ふ。灌頂位《かんじよう》（受戒＝後でこれを洗礼と同一とする）を受け、未だ久しからざるの頃、その時父王、妙幢に告げて言ふ。王法に正論あり。天主教法と名づく」と。このようにしてキリスト教は成立した。もっともキリシタン自身が天主教と自称したことはなく、これは、中国での呼称の流用である。そして次にキリスト教論がくる。「足寸須《ぜずす》の人となりや胆大麁心《そしん》（粗雑な心）、虚妄巧見。釈氏（仏教）に帰すといへども、ただその名相を学び、その窮玄に到らず。（そして巧みに仏法を変改し）偽りて釈氏の法相を竊《ぬす》み、還《また》、外道邪見をなす。あるいはその名を改めてその実を執り、あるいはその事を同じくしてその理を異にす。故に梵天王（三界の主）を改め泥烏須《でうす》と名づけ、諸梵衆を改め安助《あんじよ》（天使《エンジエル》）と名づけ、天堂を改め頗羅夷曽《ぱらいぞ》（天国《パラダイス》）、人道《にんどう》（人界）を改め踰妻伽倒利夜《ぶるがとうりよ》（煉《れん》獄《ごく》）と名づけ、地獄を改め因辺妻濃《いんへるの》と名づけ、灌頂《かんじよう》を改め婆宇低寸茂《ばうてすも》（洗礼）と名づけ、懺悔《ざんげ》を改め混毘三《こんひさん》と名づけ、十善戒を改め十《とお》の麻駄免徒《まだめんと》と名づけ、比丘尼《びくに》を改め毘婁善《びるぜん》（童貞女）と名づけ、錫杖《しやくじよう》を改め恵寸苦茂餓阿徒《えすくもかあと》（？）と名づけ、地餅林藤《ぢびようりんどう》（最初に地上に生じた食物）を改め麻三《まさん》（りんご）の菓と名づけ、数珠《じゆず》を改め混多須《こんたす》（念珠）と名づく。罪人の死骨を取り苦《く》利喜物《りきもつ》（聖遺物）と名づけ、仏舎利《ぶつしやり》に擬す……」。まだまだつづくが、これを読んでだれでも少々驚くことは、この対比が実に正確で、疑問を感ずるのは「錫杖→恵寸苦茂餓阿徒《えすくもかあと》」だけだということである。「えすくもかあと」はおそらく破門者のことで、これは、錫杖《しやくじよう》を象徴的に解すれば、対比同定できるかもしれない。いずれにせよ、見当違いの対比から、思わず失笑するといったものは皆無である。

次に、彼らが、まずどのような論法で民衆の信ずる仏教と神道を排撃したかを記す。次にその要点を抄録しよう。

「日蓮宗は釈迦仏に帰依し、法華経を受持《じゆじ》し、口に題号を唱へ、この功力《くりき》によりて死後、寂光《じやくこう》土《ど》〔浄土〕に生ぜんと欲す。これ愚の甚だしきものなり。それ釈迦は中印度の浄飯《じようぼん》王の子、すなはちこれ人なり。その人を以て何ぞよく人を救ひ得んや……」

「念仏を宗とする者は弥陀仏《みだぶつ》を頼み、口に名号《みようごう》（南無阿弥陀仏）を称《とな》へ、この功徳力《くどくりき》によりて西方《さいほう》浄土に生ぜんことを欲す。この義然《しか》らず、無量寿経の略に曰く、『昔国王あり、国を棄て王を捐《す》て、沙門《しやもん》〔出家をした者〕となり、号して法蔵比丘《ほうぞうびく》と曰ふ。世自在王仏《せじざいおうぶつ》の所に在りて四十八願を建立し、浄土の行を修め、仏国を荘厳《しようごん》し、所願成満《じようまん》。西方に安住してのち阿弥陀《あみだ》と号す』と。これまた人なり……」

「禅宗は世尊拈華《せそんねんげ》、迦葉微笑《かしようみしよう》、教外別伝《きようげべつでん》、不立文字《ふりゆうもんじ》、直指人心《じきしにんじん》、見性成仏《けんしようじようぶつ》。これを最上乗の禅と謂《い》ふ。しかりといへども天主の無始無終に比するときんば、ただこれ過高の言説、虚無の宗旨なり。僧、趙州《じょうしゅう》に問ふ、『狗子《くし》（犬の子）還《また》仏性ありやなしや』。州曰く、『無』と。この一則の話頭、釈迦一代の極妙、諸仏頂上の宗旨。ただ無の一字を以て他の問頭に答ふ。これ何の謂《いい》ぞや。泥烏須《でうす》を知らざる故なり。自悟成仏と説くは虚妄の法なり……」

「それ神祇《ぎ》は、人死して後、その子孫たる人、宮社を造り先祖を崇《あが》む。ある人死して後、その霊魂、怨霊となりて人を感動す。その霊を崇め、以て神明となす。あるひは畜生の霊、人を悩ますの時あり。その霊を祀《まつ》り、以て神となす。みなこれ妄法なり。人畜の霊、何ぞ好事《こうず》を人に与へんや……」

さて、これを読んで、人びとは少々奇異な感を抱くであろう。言うまでもなく、これは「キリシタンによる仏教・神道否定の言説」であるから、仏僧である著者は、少なくともこのうち仏教関係のものには、たとえ引用でも、行間に何らかの強い反撥《はんぱつ》乃至は否定が、どこかに現われていなければならないはずである。だがそれが見られない。理由は宗派的な対立感情その他いろいろに考えられるであろうが、いずれにしても、これをこのままにして、「キリシタン＝偽仏教論」を展開すると、仏教を否定したものをまた偽ものとして否定した形になり、非常に、ハビヤンの論証の最終的結末に似た印象を受けざるを得なくなってくるのである。次に、その部分を引用しよう。

「汝曰く、釈迦《シャカ》もまたこれ人なりと。汝の虚妄巧見を以て、何ぞ如来の広大なる妙心を窺《うかが》ひ得んや。人々真性を具し、箇々智用を備ふ。しかりといへども学ばざるときんば聖とならず。こ万徳円満、これを悟るをこれ仏と謂ひ、これに迷ふをこれ凡夫と謂ふ。釈尊は無上の正覚《しょうがく》を成《じょう》じ、無量の方便門《ほうべんもん》を開き、衆生《しゅじょう》の差別、機に接し、初機・久参を謂《い》はず、智愚賢否を分《わか》たず、この門に入る者、みな利益を得。故に三界《さんがい》独尊、四生《ししょう》の慈父なり。もしこの人を除き、この仏を除き、さらに何物をか求め汝の教化主となさんや。是寸須《ぜずす》竊《ひそか》に仏法を学ぶと雖《いえど》も、いまだその玄妙の処に到らず。故に梵天王を取り極則の処となし、その名字を改めて泥烏須と号し、諸人を繫縛《けいばく》するなり……」

「……それ神祇《しんぎ》は天子より已下《いげ》、聖神にして異徳ある者、これを崇め神明となす。また徳の厚薄に拘らず、その祖考を崇め、以て神廟となす。民を育つるものは君、我を生ずる者は親。故に斉明盛服《さいめいせいふく》、以て祭祀を承け、すなはち宗廟にこれを饗す。子孫これを保つは、すなはちこれ忠の至、孝の尽なり。しかりしかうして、至誠息《や》まざれば、必ず感応あり。汝、邪魔の教に堕し、妄想の心を生じ、名を認め実を失ひ、虚に沈み天に背き、君臣の義を違《たが》ひ、父子の親なし。また無罪にして殺害を受くるの人あり。その霊、憤志を含み、怨讐《おんしゅう》を報ずるは理の当然なり。これを崇めこれを慰め、還《また》、守護神となす。しかるときんば霊験《れいげん》なしと謂ふを得ざるなり……畜生もし霊覚《れいがく》の性《しょう》なければ、何ぞ好悪、走飛を得んや。ただ無明《むみょう》（煩悩《ぼんのう》）の厚薄のみ。故に大悲世尊、一切の命あるものを殺すことを制するなり。汝この法の平等・高下あることなきを知らざるは、真性を見ざる故なり。……」。この批判は大変に面白く、これをさらに詳細に追究していけば、いわゆるインド的世界とセム的世界の対比という問題にまで発展するであろうが、そうなると「キリシタン＝偽仏教論」は成り立たない。そこで一転して「仏典を竊《ぬす》み、神道を竊《ぬす》み、詞に仮りて撃難・弁駁すること繁端《はんたん》なり。聖賢を卑劣し、仏神を罵倒し」という罵倒にかわり、さらに転じて「これ何の謂《いい》ぞや。他《た》なし。衆力を仮り、国位を奪はんと欲するがためなり。故に邪宗の起本を原《たず》ぬるに、全く後世《ごせ》の事に非《あら》ず。ただ謀計の法のみ……」となってしまい、前に引用したキリシタンの仏教・神道批判への適切な反論は出てこないのである。そしてこれをくりかえせば、不知不識のうちに、前にのべたように「仏教を否定した偽仏教をさらに否定する」という形になって、結局、すべてを否定せざるを得なくなる。そして仏教的表現ではあっても、ハビヤンの「自然」と非常に近い結論になってくるのである。「喜利志徒《きりしと》、全く、天地万物は自己に備はりて、自己と天地万物とは無始無終を具足して、本来この一着子《いちちゃくし》（二つのもの）なるを省《し》らず、天地万物の外に向って、一天主ありて独り無始無終を具すと妄執す。誠に邪見外道《げどう》たるなり」と。この考え方は、おそらく今の日本人の考え方のままであろう。

　従って、キリシタンの天国とか地獄とかはすべて「空拳の黄葉をもて、用ひて小児を誑《たぶら》かす」（黄色の木の葉を貨幣だといって子供をだます）に等しい。しかも「根性の差別に拘らず、職分の当務を言はず、修行の浅深なく、悟解の邪正なく」「天主」を信ずれば「天堂の楽」が保証されるという。それでは、「貪欲《とんよく》疑惑を以て心念となす」人を「貪欲による故に、現身の造悪を断ずるを願はず、ただ後世の快楽を求む」という状態にしてしまう。従ってひどい邪法といわねばならない、ということになる。ここまでくると、何か、念仏宗への批判のようにすら見えてくる。

日本の限定的普遍主義

以上、大分長く引用したが、この論旨をくわしく検討されれば、だれでもその問題点に気づかざるを得ないであろう。というのは、この論旨は、用い方によっては、そのまま、「仏教＝偽キリシタン論」になってしまうからである。これは普遍主義が必ず陥る状態であり、現在では、共産主義という普遍主義圏の中に見られるソ修・毛修・日修といったさまざまな相互の「偽もの扱い」に見られるであろう。日本共産党は日本でこそ「日共」だが中国へ行けば「日修」であり、日本には共産党は存在しない、という、まことに面白い状態を現出しているわけである。同じことであって、「キリシタン＝偽仏教修正主義集団論」をやっていると、仏教の否定になってしまう。

そしてこういう場合、日本人がとる態度は、現代でも、普遍主義に対して相対主義をとるのではない。常に、鎖国の伝統に従って、限定的普遍主義という、非常に興味深い態度をとるわけである。この心的態度が大変に面白く出ているのが、佐藤前首相のノーベル平和賞受賞に対して、日本の平和団体が、ノーベル賞委員会に抗議電報を打ったというニュースである。この際、相対主義に立てば、判断の基準は各人各様が当然で、自分と全く同一の判断を下す人もしくは組織がこの世界にあるわけはないし、あればどちらかがその存在理由を失うから、ノーベル賞委員会が自分と違った判断を下すのは当然で、同じではこまるとまず考えるであろう。ついで、相互の判断の差が何から生じたかを「比較」し、その比較に基づいて討論に入る、という経過をたどる。討論とは、相対主義を前提としなければ成り立たないからである。一方、普遍主義に立てば、それに基づいて、ソヴェトのように、佐藤前首相に辞退を要請するか強要するかになるであろう。ところが、日本人はどちらにもならず、抗議電報になる。いうまでもなくこれは、その平和団体は、平和に対する自己の基準と判断を普遍的なものと考えている証拠であり、他の機関が他の判断を下したことを抗議したわけだが、同時に、ソヴェトや中国のように自己の普遍主義に本当に忠実ではないわけである。これがいわば日本独特の「限定的普遍主義」だが、この結末は結局、「ノーベル平和賞偽もの論」となっても「別もの論」にはならないであろう。だがその「偽もの論」は、同じ論理で自分に返ってくることは、「キリシタン＝偽もの仏教論」の場合と同じである。そして鎖国＝限定的普遍主義がつづく限り、この状態もつづくであろう。

だが、以上のような「偽もの論」も、また『対治邪執論』も、ハビヤンはすでに克服していた。彼の生涯は、おそらく禅宗の仏僧にはじまり、キリシタンの修道士となり、棄教後の「十有五年」は多分、儒教を研究し、そして、そのすべてを「偽もの」として克服し、棄却し、「江湖の野子《やす》」（俗界の一野人）として、「ナツウラの教へ」そのものに生きていたと思われる。

だが彼の『破提宇子』には、『妙貞問答』の儒仏棄却には見られない、一種の感情の高まりが見られ、非常に強い意識的否定を内包していることは否定できない。これは逆に見れば、彼には、否定しきれない何かが残っていた証拠と思われる。

それは何であったか、彼はそれ以上には何も書かなかった。自己の到達点である「ナツウラの教へ」(それはおそらく出発点でもあった)を体系化して言葉にし、それを後世におくることは、しなかったのである。従って何もわからない。だが、直接に間接に、彼と同じような経過をたどった日本人は、当時、非常に多かったはずである。彼は、その生涯の最も重要な時期を九州の天草ですごしたわけだが、そこから程遠からぬところ、同じように最も強くキリシタンの影響をうけた地から、彼についで一人の人が出て、徳川期の前期から、明治の西郷《さいごう》にまで決定的な影響を与えるのである。この二人は、生涯相会ったことはないが、まさに、彼がすべて棄却し、最後に残した「自然」という概念を基本にして、「限定的普遍主義」の一つの実証的体系を打ち立てて行くのである。その人とは貝原益軒であり、彼が生れたのは『破提宇子』著作の十年後、すなわち一六三〇年であった。

第十一章　すべてを〝破した〟後に

ハビヤンと貝原益軒

一体、ハビヤンが考えた自然《じねん》とは、どういう状態を指したのか。彼は、前述したように、「破文《はもん》」という形で消去法でこれを記しているので、生涯の最後に到達した思想は、明確にはわからない。しかし、上記のような形で、一種の〝脱宗教化〟を行なった場合、人は、一種の「自然《じねん》哲学」を作り、その体系で、自然（宇宙）と自己との関係、および人と人との関係を律し、各自がそれを自己規定としない限り、社会の統合は不可能になるはずである。従ってハビヤンの「破」の道は必然的に、積極的主張をもつ一つの哲学に通ずるものがあった。

もっともその哲学が、学者の知的遊戯なら社会的統合の基本的体系とはなり得ない。だがこれが一つの全日本的な民衆教化の書となりうるならば、それは、各自が自己のうちに無自覚にもっている意識を再把握させることになるから、大きな力となりうるであろう。そしてその役目を果たしたのが貝原益軒の『大和俗訓《やまと》』である。

益軒が生れたのが前述のように一六三〇年、そして『大和俗訓』全八巻が書かれたのが一七一〇年、いわばその生涯の終りに近いころ、以後彼はこの続編ともいうべき『和俗童子訓』『五常訓』『家道訓』『養生訓』等を著し一七一四年、八十五歳で死んだ。従ってこの書は、ある意味では、彼の生涯の思想的決算ともいえる。もっともその生涯には、ハビヤンのような波《は》瀾《らん》はなかった。彼の祖父は、黒田如水《じょすい》に仕え、民政と理財とをつかさどったといわれる。いわば一介の武弁ではなく、統治型の官僚だったわけである。その子すなわち益軒の父は、武士とはいえすでに文官に等しく、祐筆《ゆうひつ》の職にあり、益軒によれば「文学は乏しかりしも、儒道を貴びて異端邪術を嫌い、仏氏の説を信ずること無かりき」であった。この異端邪術の中にはキリシタンも入っているであろう。すなわち脱仏教・脱キリシタンであり、儒教には一応の理解を示したが、「文学は乏しかった」ということ、一言でいえば、いわゆる〝思想〟などには興味を示さない当時の伝統的日本人であったということであろう。益軒はこういう環境に育ち、しかも非常に早熟であったらしい。

以後の彼は、大体当時の普通の教育を受けたものと思われるが、二十二歳のとき藩主の怒りにふれて七ヵ年にわたる永い浪人生活に入った。その間、医者として立とうと長崎に遊学している。彼が長崎でどういう影響を受けたかは明らかでない。その後江戸に出て、多くの儒者と交わり、朱子学と同時に陽明学もおさめた。同時に日本の軍記物語の影響を受け、一方では医学もおさめている。これらがいわば、彼の思想的基盤となった。そして彼の著作の中で、いわゆる儒学者と違う点は、地理・地誌に関するもの――いわば諸国紀行――と、薬草に関するものが多く、さらに編年史的記述いわば系図・家譜、黒田記略のようなものがあり、この点、単に中国の諸書の解説でなく、実に実証主義的な著作が多いことである。いわば実地調査の一面を強く保持した人であった。従って彼の「俗訓」は単なる解説書でなく、以上を総合した一つの哲学の、民衆のための解説書といえる面がある。従ってその思想はもちろん保守的であり、独創性がないと言えばそれまでだが、いわゆる独創性だけが、思想家のすべてではない。否むしろ、伝統的なさまざまな潜在的意識を顕在化しかつ体系化して行くことも、その任務の一つであろう。この点は思想的遍歴をつづけたハビヤンと違う。ただ両者には、民衆と常に接触しそのための著作もしたという共通点がある。

確かに、彼が言っていることは、「施恩は権利にあらず」「受恩は義務」であり、「それを意識しうるもののみが人間」であるといったような、また、その根本に「自然《じねん》」的概念を置くといったような伝統的思想を基にしている。だが、当時はこれらの考え方は、すべて個々にそれぞれの局面を律しているだけで、それを総合した体系となっているわけではない。ハビヤンはこれを『平家物語』を素材として一種の『対話篇』で記したわけだが、いずれの国でも、対話篇のあとには、それによっておぼろげながら明らかになったことが、一つの体系として完成するわけで、この点、ハビヤンから益軒への移行は必ずしも不思議でない。と同時に、新しく成立した秩序は、その統合のための哲学をこれに求めたとしても、また不思議ではない。従ってこの『大和俗訓』が、日本教の〝聖書〟の如くに読まれ、表現は変わっても日本人がその延長線上にいることも、また不思議ではない。

日本教の聖書『大和俗訓』

体系であるから、彼はまず〝宇宙論〟からはじめ、「『天地は万物の父母、人は万物の霊なり』と、尚書《しょうしょ》に聖人とき給えり。言うこころは、天地は万物をうみ給う根本にして、大父母なり」と記す。これは、少しも珍しい考え方でなく、「天なる父、母なる大地」は、世界のいずれの民族にもあった考え方で、必ずしも「尚書に聖人」だけが説いているわけではない。言うまでもなく、各民族・各文化は、ここを出発点としながらもさまざまな方向に進むのだから、出発点が同じだから、すべての民族が同じ考え方に帰着しているとはいえない。従って問題は、益軒がこれをどの方向に発展させたかにある。彼はつづける。

「天地は万物をうみ給う根本にして、大父母なり。人は天地の正気をうけて生《うま》るる故に、万物すぐれてその心明らかにして、五常の性をうけ、天地の心を以て心として、万物の内にてその品いととうとければ、万物の霊とはのたまえるなるべし。霊とは、心に明らかなるたましいあるをいう。天地は万物をうみ養い給う中にも、人をあつくあわれみ給うこと、鳥獣草木にことなり。ここを以て万物のうちにて、もはら人を以て天地の子とせり。されば、人は天を父とし、地を母として、かぎりなき天地の大恩を受けたり。故に天地につかえ奉るを以て人の道とす」

人間とは何か。それは施恩の権利を主張しない天地（自然＝宇宙）に、受恩の義務を感ずる存在であらねばならぬ。これが益軒の基本的考え方である。従って彼には、聖書のように天も地もともに被造物すなわち物質であって、人の肉体もその点では変わらない、という考え方はなく、天地自然は人格化されている。そのため被造物にすぎぬ人間がなぜ自由意志をもちうるかといったような発想も議論も、ありえない。彼はつづける。

「人となるものは天地を以て大父母とする故に、父母の恩をうくるごとく、きわまりなき天地の恩を受けたり。天地のめぐみにて生れたる恩のみならず、身を終るまで天地のやしないを受くること、たとえば人の身の父母より生れて後も、父母のやしないによりて人となるが如し」で、彼にとって、人間とは天地自然の被扶養者である。従って、人は天地自然に従うべきものであっても、これを自然対人間という形で把握してはならないわけである。そしてそういうわけだから「この世に生れては、つねに天地につかえ奉り、いかにもして天地の恩をむくいんことを思うべし。これ天地につかうる孝なり。人たる者は、つねにこれを心にかけてわするべからず」という形にならざるを得ない。

ではどうしたらいいのか。彼は次のように言う。「天地につかえ奉る道は別にあらず。天地の御心にしたがうを以て道とす。天地の御心にしたがうとは、われに天地より生れつきたる仁愛の徳をうしなわずして、天地の生める所の人倫をあつくあわれみうやまうをいう。これすなわち人の行うべき所にして、人の道なり」。

ここで二回、「人の道」という言葉が出てきた。彼はそれぞれを次のように解説する。まず最初の「人の道」の方を次に記そう。「(天地につかえ奉る人の)道はいかんぞや。およそ人は、天地の万物をうみそだて給う御めぐみの心を以て心とす。この心を名づけて仁という。仁は人の心に天より生れつきたる本性なり。仁の理は人をめぐみ物をあわれむを徳とす。この仁の徳をたもち失わずして、天地のうみ給える人倫をあつく愛し、次に鳥獣草木をあわれみて、天地の人と万物を愛し給う御心にしたがい、天地の御めぐみのちからを助くるを以て、天地につかえ奉る道とす。これすなわち、人の道とする所にして仁なり」と。そして第二回目の「人の道」は次の通りである。「人の道とする所、さらにこの外にあるべからず。それ人は天地のめぐみによりて生れ、天地の心をうけて心とし、天地の内にすみ、天地のやしないをうけたり」

そして彼は次のように強調する。「かくのごとく、極りなき大恩をうけたれども、凡人はしらず。いわゆる百姓は日々に用いて知らざるなり。しかるに(そのために)、天地につかえ奉らずして、人欲にしたがい、天理にしたがわざるは、天地の大恩をこうぶりて天地にそむくゆえ、天地の子として大不孝なり。人の子として、その親を愛せずして他人を愛し、父母にそむきて不孝を行うがごとし、不孝の子はその身を天地のうちに立てがたし。いわんや、天地の子として、天地にそむき不孝なるをや。幸いにしてわざわいなしといえども、天地にそむけるとがおそるべし。天地をとうとびつかえ奉るべきこと、前にもすでにいえれど、返す返す人につげんために、同じことをいくたびもくりかえしていうなり、なおこの後にもいうべし」と。

次のように彼はさらにくりかえす。「およそ、天は人の始めなり。父母は人の本なり。人は天地をもって大父母とし、父母をもって小天地とす。天地父母その恩ひとし。故に、天地につかえて仁を行うこと、父母につかえて孝を行うが如くすべし。ここを以て、礼経にも『仁人の天につかうるは、親につかうるが如くし、疎なるべからず。親につかうること、天につかうるが如くすべし。畏《おそ》れ慎しむべし』といえり。おろそかなるは愛なきなり。おそれざるは敬なきなり。天地につかえ奉るも、父母につかうまつるも、同じく愛敬をいたして、おろそかならず、あなどるべからず。天地によくつかうるは仁人なり、仁心をたもつ人なり。父母によくつかうるは孝子なり、孝養をよくつとむる子なり。天地につかえ父母につかうるの道同じ。しかれば、天地につかえ奉るは、人間の大事にて、しばしもわするべからず。常人はちかき父母につかうる道をだにしらずして、心を用いず。いわんや、天地はきわまりなき大恩あることをわきまえずして、天地につかえ奉るは、身にあずからざることと思えり。それ天地の恩は父母の恩にひとし。ここを以て、身をおわるまで、常につつしんでつかえ奉り、力をつくすべきこと、これ人の職分にて、至りておもき大事なり。人たる者、この理を知らずんばあるべからず」。

以上は、益軒の自然論・人間論の原論である。彼は人と宇宙との関係を、今まで記してきたように、くりかえしくりかえし説く。そしてこれが結局彼の自然《じねん》であり、基本的な「自然《ナツウラ》の教へ」すなわちすべての人が従うべき宇宙の秩序、絶対的な「基本法」なのである。では一体どのようにしたら、人はこの法にそって生きて行けるのであろう。いわばここからが方法論になるわけである。ハビヤンは結局この方法論を求めて、神・仏・儒・基をことごとく破したわけだが、益軒は儒教を取り入れたわけである。ただ彼も、朱子をきわめながらその宇宙論にふれておらず「礼は仁のあらわるるなり、知は義のおさまるるなり」といった道徳哲学的な面だけをとっている。またこれをあくまでも方法論として最適だと言っているだけで、その言い方は『妙貞問答』におけるハビヤンのキリシタン礼讃《らいさん》と根本的には同じ趣旨である。次にその部分を引用しよう。

「およそ、人となる者は、人の道をしらずんばあるべからず。人の道をしらんとならば、聖人の教えをとうとびて、その道を学ぶべし。いかんとなれば、聖人は人の至極なり。天地の道にしたがいて、人の道をおしえ給える万世の師なり。後代にのこしおき給う四書五経の教えは、万世の鑑《かがみ》なり。その道理明らかなること、日月の天にかかれるが如く、天下ひろしといえども、てらざる所なし。よく読まん人は、天下の道理を知らんこと、白日に黒白をわかつが如くなるべし。あに、これを学ばざるべけんや。しかるに、人となる者、人倫の道は天性に生れつきたれども、その道に志なくして、食にあき、衣をあたたかに着、居所をやすくしたるまでにて、聖人の教えを学ばざれば、人の道なくして鳥けだものにちかし。かくの如くなれば、人と生れたるかいなし。万物の霊とすべからず。このゆえに、聖人これをうれい、賢臣を以て万民の師として、人倫の道を教えさせ給う。これ人となるものは、必ず道を学ばずんばあるべからざればなり。愚おもえらく、人と生れて学ばざれば生れざると同じ。学んでも道を知らざれば学ばざると同じ。道を知りても行わざれば、知らざるに同じ。その故いかんとなれば、人と生れて学ばざれば、人の道を知らずして、人と生れたるかいなし。これ人と生れて学ばざれば、生れざると同じきなり。学ぶは道を知らんがためなり。もし学びようあしくして道を知らずんば、学ばざると同じきなり。また道を知るは行わんがためなり。学んで道を知りても、行わざれば……」。

まことにくどくどと、この循環論理が、くりかえしくりかえし出てくるのである。全部引用すれば読者はうんざりするであろう。そしてこのように益軒がくどくどしく言っていることは、一言でいえば「学はそれ自体が目的ではない」あくまでも「道を知りかつ行う」ための手段だと言うことである。そしてこの「道」とは「人の道」であり、その根本は天地の秩序すなわち「自然《ナツウラ》の教へ」だということである。この考え方は基本的にはハビヤンと違いはない。彼も、学ぶことは一に、天然自然の理に従って生きるための手段だと考えていたからである。そしてこの立場と学をつなぐのがまた〝受恩の義務を感ずること〟であり、天地自然の中にさまざまな動植物があるのにその中で選ばれて「人と生るるは、きわめてかたきことなれば、わくらわに得がたき人の身を得たることをたのしみて、わするべからず。また、人と生れて、人の道を知らで、むなしくこの世を過ぎなんことうれうべし」と。そしてこれが彼にとっての楽と憂とのわかれめであり、人が真に人生を憂えず過ごそうと思うなら「この楽と憂との二を、身を終るまでわするべからず」ということになる。そしてこの論法は、ハビヤンの「頼朝論」と基本的には同じ発想であろう。

　またハビヤンが言ったような「人倫の道は生れつき」であり、それゆえ自然《じねん》に従っていれば楽（平和・平穏）だが、欲のためにそれができないゆえに逆に楽を失う、といった考え方もまた彼にある。だがこれがはっきり出てくるのはむしろ『楽訓』の方だから、それを次に引用しよう。

「人の心の内にもとよりこの楽あり。私欲行われざれば、時となく、所として楽しからずと言う事なし。これ本性より流れ出たる楽なり。外に求むるにあらず、またわが耳、目、口、鼻、形の五官、外物にまじわりて色を見、こえを聞き、物くい、香をかぎ、うごき、しずかなる五のわざ、欲少くよきほどに過す。されば、あうさきるさ、ことごとに楽しからざる事なし。これ外物をもって、楽の本とするにあらず。また外物にふれてそのよろこばしき力を得て、楽はじめていで来るにもあらず、もとより人の心の内に生れ付たる楽ある故、外物にふれてその助を得て、内なる楽さかんになれる也」。これは「外物への欲」を制し、楽を前述の本性に求めるという一種の制欲論であろう。

『大和俗訓』の実践的規定

　本書は、その基本が以上のような考え方になっているが、これだけなら、大した影響力はなかったかもしれぬ。益軒の特徴は、単に以上のような総論を示しただけでなく、生活の細部までこの思想で規定する各論を記していることである。そしてこれが、このほかに彼が記した多くの訓戒書いわゆる益軒十訓――君子訓・大和俗訓・和俗童子訓・楽訓・五常訓・家道訓・養生訓・初学訓・文訓・武訓――とともに、徳川期を通じて決定的な影響を与えた理由であろうと思う。もちろん、影響は、そういった直接的な面に限られていない。江戸時代の心学にも、また前に『にっぽんの商人』で紹介した商人の通俗的俗訓集にも大きな影響を与えており、その間接的影響はまことに強かったと思われる。

実践面の規定における面白い一例として――これは文字通りの一例だが――『俗訓巻之五』衣服を少し引用しよう。これはいわば服装規定、簡単にいえば「着物の選び方・着方」である。と同時に彼の「衣裳哲学」である。そしてこれを読んだ上で、日本の銀行や商社へ行けば、人びとは『大和俗訓』が今なお日本人を律していることを、否応《いやおう》なく認めるであろう。

「衣服は身のおもてなり。人に対すればまず見ゆ。このゆえに、古人身をつつしむの名目をつらぬるに、まず衣服、次に言語、次に行と、ついでをなせり。言行と同じく相ならべるほどのことなれば、衣服をもつつしみて、身に相応せる正しきをえらび用うべし。相応せざるは、正しからざるなり。相応とは年と位と時と処に似合いたるを言う。染色絵様、わかき人も、その年のほどよりは、すこしくすみて老いらかなるは、人の目にたたずしてよろし。かくのごとくなるは、わかきも老いたるも、たかきもいやしきも、むかしも今も、似合わざることなし。年と位よりわかやかに、ざればみたるはいやし。大なるかた、大もん、大すじ、すべて人の目にたちてけざやかに、またあやしくことようなる染色の服きたるは、たれもその身に似げなくして、むげに人に見おとさるるものなり。かようのきぬ着たる人は、位高き人も、いやしく見ぐるしくして、下部の如し。位なくても、これを好むは何のためぞや。大かたは、衣服にても人の心はおしはからるるものなり。みずからおもんずる人は、下着にもすべからず。およそ、人の目たつべからざるは相応なるべし。目に立つは相応せざる故なり。おびも、いにしえは、男女共にちいさかりしが、今ようはひろくして見ぐるし。何の益ありやしらず。

衣服は倹素に、かざりすくなく、世のつねにしていやしからざるがよし。また、まどしき人も、つとめて潔くあかづきけがれざるを用うべし。富める人も美麗をこのみ、無用の服多くすべからず。また、甚だ質朴に過ぎて、けがらわしく鄙野《ひや》なるもあしし。染色は正色を用うべし。紫もえぎなどの間色、すべて女子の服にちかきを用うべからず。紅紫をば、褻《け》の服、衾《ふすま》、褥《しとね》にもすべからず。

身のかざりに心を用い過すべからず。ひまついえて益なし。俗人奴婢《ぬひ》のともがらにほめられんとて、衣服をかざれば、識者にいやしめらる。何の益もなくはかなきことなり。

左伝に、『服の衷《ただ》しからざるは身の災なり』といえり。着る物の正しからずして、その身に似合わざるは、身のわざわいとなる。このためし世に多きことなり。いましむべし。国語に曰く『服ハ心之文也』。心のこのむことを身にも必ず服する故に、衣服は心の外にあらわるる文なり。正しからざる服きたるは、心の内見えてはずかし。つつしんでえらび用うべし。

衣服は常に用いて、いつもよき製法染色あり。時の好みにしたがい、世のあしき俗にうつるべからず。」

さて、このように記すと、彼の『俗訓』は文字通り「世俗の処世法」だけのように見えてくる。だが、彼の思想は、その底に、一つの超国家主義を含んでいた。それを記しているのが『神祇訓《じんぎくん》』であり、これは十訓には入っていない。おそらく、処世訓ではないためであろう。そしてこれで見る彼は絶対に儒家でない。それによれば、彼は、日本国とは天照《あまてらす》皇大神の裔《すえ》を宗源と崇《あが》めることによって成り立っている国、従って比類のない国、そのゆえに神国といわれることを力説している。それは、儒を国教とする中国、仏を信奉する天竺《てんじく》（と彼は解している）とは異なっている。それゆえ、日本人とはすべて「神ながらの道」をまず信じねばならない。その本旨は誠心、正直、清浄、従順《すなお》であり、従って朝夕に神祇に奉仕することが、全国民共通の日課であるとしている。そして彼の『俗訓』のすべては、これを基本とし、これを行うことがまた前に記した「人の道」と根本的に同じことだということになっている。これを本書のハビヤン十戒（一二八頁以下）と対比されたい。

日本教の系譜

こういう思想の萌芽はもちろんハビヤンの『平家物語』にあり、その帰結は『教育勅語』にある。基本はハビヤンにおける重盛の「天恩・地恩・朝恩」であり、その社会秩序への敷衍《ふえん》は六二頁以下に記した。ただ、これを、血縁から擬制の血縁へ、さらに宗源としての天皇との一体化で、自然（宇宙的秩序）を天皇に直接に結びつけ、それを基本にすべてを律していき、それによって一つの社会的統合を行おうとするほどの積極性がハビヤンにもあったかどうかは不明である。ただ彼の懺悔《ざんげ》への強烈な否定は、すなわち「破」は、内心のこの前提を想像させる。そしてそれを一つのグノーシス現象とみれば、彼は、キリシタンにおける天主の絶対性と地上におけるその代理人の法王という受けとり方で、自らのうちに漠然ともっていた星雲状態の伝統的思想を再把握し、この関係が、「天なる父・母なる大地」という自然《ナツウラ》の絶対性と、その絶対性の顕現者としての天皇という形をとっていたとて不思議ではない。そしてこの思想は、少なくとも三十年前までは、日本に厳然と顕在していた思想であった。

益軒以後の「日本教の知識人」たちの系譜は、また別の機会に著すことにしよう。だが、「社会の木鐸《ぼくたく》」という面白い存在が、日本においてはきわめて古くから存在したことを、そしてその社会的役割や影響力が、今と変らないほど強かったことも明らかになったことと思う。そしてこの前提に立って、「明治」と「戦後」に益軒の役目を果したのがだれであったかを探るのも面白い課題である。

本書には、今日の人権擁護の見地に照らして、不当・不適切と思われる表現がありますが、本書の性質や作品発表時の時代背景を鑑み一部を改めるにとどめました。

（編集部）

訳編　**山本七平（やまもと・しちへい）**
評論家。日本研究者。300万部を超える大ベストセラー『日本人とユダヤ人』の著者といわれている。1921年生まれ。1942年青山学院高商部卒。砲兵少尉としてマニラで戦い捕虜となる。戦後は山本書店を設立し、聖書、ユダヤ系の翻訳出版に携わる。その後『私の中の日本軍』『日本教の社会学』『帝王学』『昭和天皇の研究』『聖書の旅』『論語の読み方』など多数の著書を刊行。日本文化と社会を批判的に分析していく独自の論考は「山本学」と称され、日本文化論の基本文献としていまなお広く読まれている。1991年没（69歳）。

本書は1976年8月に刊行された当社単行本を新書化しました。

日本教徒《にほんきょうと》
——その開祖《かいそ》と現代知識人《げんだいちしきじん》

イザヤ・ベンダサン　山本七平《やまもとしちへい》＝訳編

二〇〇八年二月十日　初版発行

発行者　井上伸一郎
発行所　株式会社角川書店
東京都千代田区富士見二―十三―三
〒一〇二―八〇七八
電話／編集　〇三―三二三八―八五五五

発売元　株式会社角川グループパブリッシング
東京都千代田区富士見二―十三―三
〒一〇二―八一七七
電話／営業　〇三―三二三八―八五二一
http://www.kadokawa.co.jp/

装丁者　緒方修一（ラーフイン・ワークショップ）
印刷所　暁印刷
製本所　BBC

角川oneテーマ21　A-78

ISBN978-4-04-710122-7 C0295

B-82
旅のハプニングから思考力をつける！
樋口裕一

海外旅行の魅力は現地での「驚き」と「うろたえ」にあるという「小論文の神様」が綴った旅行エッセイ。旅が人の生き方と知性を豊かにする秘密に迫る。

B-83
男のガーデニング入門
柳生真吾

NHK『趣味の園芸』キャスターが教える、男ならではのガーデニングの簡単な楽しみ方。あなたも今日から、植物のある生活を始めてみませんか？

B-84
勝ちにいく身体
坂田信弘
齋藤　孝

鍛えて伸ばす本質は、スポーツも勉強も同じ。ゴルフと日本語、教えるプロがガチンコ対談。みるみる上達するためのコツと、潜在能力の伸ばし方！

B-85
「夜のオンナ」はいくら稼ぐか？
門倉貴史

男が支払う夜のお金、店と女性はどのように分け合うのか。合法、脱法、違法マネー、全ての行方を徹底調査、男とオンナの収支決算を追求していく。

C-108
ジャズでめぐるニューヨーク
――充実のミュージシャン＆クラブ・ガイド
常盤武彦

注目のプレイヤーとクラブ紹介を中心に、90年代以降のNYジャズシーンを写真入りで解説。初心者もフリークも納得の、ジャズの楽しみを倍増させる一冊。

C-109
F1ビジネス
――もう一つの自動車戦争
田中詔一

「1秒短縮する開発コストは100億円⁉」「商業権を牛耳るF1の首領との駆け引き」……初代HRD社長で国際マーケティングのプロが明かす、F1の舞台裏！

A-48
危機の日本人
山本七平

グローバル化という「外圧」に屈しながら日本が生き抜く道とは？　自己矛盾を抱えた日本が生き延びるヒントを探る。

A-29
老い方練習帳
早川一光

よりよく老いるためには、ちょっとしたコツがあります。毎日の生活、夫と妻、家族、嫁、孫まで。老いるための心構えのための練習帳。年を重ねるのが楽しくなります。

A-30
スルメを見てイカがわかるか！
養老孟司
茂木健一郎

「覚悟の科学者」養老孟司と「クオリアの頭脳」茂木健一郎がマジメに語った脳・言葉・社会。どこでも、いつでも通用するあたりまえの常識をマジメに説いた奇書！

A-31
日本はなぜ敗れるのか
――敗因21カ条
山本七平

生き残るためにどうすればよいのか。マネー、外交、政治、このままでは日本は敗れる。失敗を繰り返す現代の日本人への究極の処方箋。日本人論の決定版を発掘！

A-32
日本人とユダヤ人
山本七平

ユダヤ人との対比というユニークな視点から書かれた卓越な日本人論。日本の歴史と現代の世相についての豊かな学識と鋭い視点で描かれた日本人論の決定版を復活。

A-33
適応上手
永井　明

老人介護、更年期、リストラ、登校拒否……日頃抱えている心のもやもやに、いますぐ効きます！　社会に過剰適応しすぎた悩める現代人に贈る、生き方の万能処方箋。

A-34
ツイてる！
斎藤一人

本年度納税額第一位の億万長者が最強の成功法則を伝授する。金運上昇のコツから人生の楽しみ方まで異色の哲学には思わず頷く！

A-35
人間ブッダの生き方
――迷いを断ち切る「悟り」の教え
高瀬広居

不安と迷いの心を解き放つ、ブッダ（お釈迦さま）不滅の教えと叡智。仏教界ナンバー1のカリスマ論客が綴った、仏教入門の決定版。